DARAKWON

내신공략! 독해공략!

내공

중학영어독해

KB091679

실력 **1**

DARAKWON

내공 중학영어독해 실력 ❶

지은이 Jonathan S. McClelland, 권은숙, 원아름
펴낸이 정규도
펴낸곳 (주)다락원

초판 1쇄 발행 2017년 2월 10일
초판 9쇄 발행 2024년 1월 5일

편집 서정아, 서민정, 서나영
디자인 더페이지(www.bythepage.com)
영문 감수 Michael A. Putlack

🏢**다락원** 경기도 파주시 문발로 211
내용문의 (s02)736-2031 내선 503
구입문의 (02)736-2031 내선 250~252
Fax (02)732-2037
출판등록 1977년 9월 16일 제 406-2008-000007호

Copyright © 2017, Darakwon

ISBN 978-89-277-0788-2 54740
       978-89-277-0783-7 54740 (set)

http://www.darakwon.co.kr
다락원 홈페이지를 방문하시면 상세한 출판정보와 함께
동영상강좌, MP3자료 등 다양한 어학 정보를 얻으실 수 있습니다.

내신공략! 독해공략!

내공
중학영어독해

실력 1

DARAKWON

구성 및 특징

독해 지문 학습

Unit별로 다양한 주제의 지문 4개를 학습합니다.
레벨이 올라갈수록 지문의 주제와 내용도 점점
다양해집니다.

지문 정보 요약

지문의 주제, 단어 수, 난이도를
한눈에 확인할 수 있습니다.
(난이도 상 ★★★, 중 ★★☆, 하 ★☆☆)

GRAMMAR in Textbooks

Unit마다 각 학년별 교과서와 연계된 문법사항이
2개씩 수록되어 있습니다.

Unit별 주요 어휘 학습

Unit별 주요 어휘와 숙어를 한데 모아 제시했습니
다. 상단 QR코드 스캔 시 원어민 성우의 발음을 확
인해볼 수 있습니다.

---

22 The Lost City of the Incas

Place | 171 words | ★★☆

Q! What do you know about the Inca Empire?

Machu Picchu is an old city high in the mountains of Peru. It was built
for the Incan emperor in the 15th century. Around 200 buildings are on
the site. They are divided into an upper and lower town. Royalty lived
in the upper town. Workers lived in the lower town. There are also three
important structures. One is the Inti Watana. This is a stone structure ⁵
used for rituals by the Incas. Another is the Temple of the Sun. The other
is the Room of the Three Windows. All were built to honor the Incan sun
god.

Surprisingly, the Incas only used Machu Picchu for about 100
years. ⓐ They probably left to avoid the Spanish invaders. The Spanish ¹⁰
destroyed many Inca temples. Fortunately, ⓑ they did not end up
finding the city. In 1983, Machu Picchu became a *UNESCO World
Heritage Site. However, Machu Picchu is still in
danger. Thousands of tourists visit the site each year
and damage the buildings. If we are not careful, ¹⁵
Machu Picchu might someday disappear.

*UNESCO World Heritage Site
유네스코 세계 문화 유산 보호지역

GRAMMAR in Textbooks

05행 ▶ 부정대명사는 불특정한 사람이나 사물을 나열하거나 지칭할 때 쓰며, one, another, the other(s), some,
others 등이 있다.
There are three cups. **One** is red, **another** is green, and **the other** is blue.
I have two pets. **One** is a cat, and **the other** is a rabbit.
There were three books on the table. **One** is here. Where are **the others**?
Some people like dogs but **others** don't.

Unit 06
Words & Phrases

Before Reading

지문의 이해도를 높여주는 독해 문제와 내신 대비 서술형 문제가 지문마다 5문제씩 수록되어 있습니다. 지문에 따라 Summary 문제가 수록되어 있으며, Unit 마지막 지문에 대한 문제는 모두 영어로 구성되어 있습니다.

● 지문 QR코드
QR코드를 스캔만 하면 해당 지문의 MP3 파일을 바로 들어볼 수 있습니다. 스마트 기기에 QR코드 인식앱을 설치한 후 사용하세요.

● Expand Your Knowledge
지문과 관련된 배경지식과 상식을 넓힐 수 있습니다.

---

1 글의 주제로 가장 알맞은 것은?
① The ancient Inca's social classes
② Popular tourist attractions in Peru
③ A historical city of the Inca Empire
④ The Spanish invasion of the Inca Empire
⑤ UNESCO World Heritage Sites in danger

2 마추픽추에 관해 글의 내용과 일치하면 T, 그렇지 않으면 F를 쓰시오
(1) The Spanish destroyed many buildings in Machu Picchu. _____
(2) The royalty and the workers lived separately. _____

3 글을 읽고 마추픽추에 관해 답할 수 없는 질문은?
① When was it built?
② How many buildings does it have?
③ What is the Inti Watana?
④ When was it rediscovered?
⑤ Why is it in danger today?

※ 서술형
4 글의 밑줄 친 @와 ⓑ가 가리키는 것을 찾아 쓰시오.
@ _____   ⓑ _____

※ 서술형
5 다음 빈칸에 알맞은 단어나 표현을 글에서 찾아 쓰시오.

The _____ invaded the _____
Empire, but they never discovered
_____.

Expand Your **Knowledge**

잉카 문명

잉카 문명은 13세기 초 페루에서 시작되었으며, 15세기부터 16세기 초까지 남아메리카의 중앙 안데스 지방을 지배하며 번영을 누렸다. 잉카 제국은 태양의 아들로 여겨지는 왕 '잉카'와 그의 혈족인 귀족층, 그리고 일반 평민들로 구성된 계급 사회를 이루고 있었다. 그들은 고산 지대임에도 불구하고 계단식 밭을 만들어 농사를 짓고 풍요로운 생활을 했으며, 정교한 석조 건축물로도 유명하다. 또한 수천 킬로미터에 이르는 도로를 건설해 중앙정부와 지방정부를 긴밀하게 연결했다. 잉카 제국은 1533년에 스페인에 의해 무너졌지만, 높은 봉우리에 쌓여 발견되지 않았던 마추픽추는 오늘날까지도 잉카 문명의 모습을 잘 간직하고 있다.

After Reading

Workbook   Final Test

독해 지문에서 해석이 어렵거나 독해에 필요한 중요 구문만을 뽑아 복습할 수 있도록 정리했습니다.

Workbook
Unit별 중요 어휘, 문법, 구문을 다양한 문제와 새로운 예문을 통해 복습할 수 있습니다.

내신 대비 Final Test(온라인 부가자료)
Unit별 어휘, 문법, 독해 지문을 학교 내신기출 유형으로 풀어 볼 수 있습니다. 시험을 보는 기분으로 문제를 풀어보세요.

목차

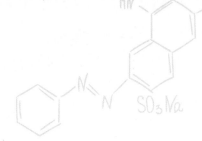

내공 중학영어독해
내신 교과 과정 문법 연계표

실력 **1·2**

Unit	실력 1	교과 과정	실력 2	교과 과정
Unit **01**	현재완료진행	중3	enable+목적어+to부정사	중2, 중3
	so that ~ can/could …	중3	have/get+목적어+p.p.	중3
Unit **02**	cannot help -ing	중3	remember/forget+-ing/to-v	중3
	to부정사의 의미상의 주어	중3	used to+동사원형	중3
Unit **03**	과거완료	중3	must have p.p.	중3
	It(가주어) ~ that(진주어) …	중3	cannot have p.p.	중3
Unit **04**	should have p.p.	중3	관계대명사의 계속적 용법	중3
	접속사 whether/if	중3	접속사 as	중3
Unit **05**	조동사의 수동태	중3	분사구문	중3
	It is believed that ~	중3	부대상황	중3
Unit **06**	부정대명사	중2, 중3	복합관계부사	중3
	소유격 관계대명사 whose	중3	앞 문장 전체를 선행사로 취하는 which	중3
Unit **07**	It seems that ~	중2, 중3	as if[though]+가정법 과거	중3
	either A or B	중2, 중3	접속사 while	중3
Unit **08**	가정법 과거	중3	가정법 과거완료	중3
	I wish+가정법 과거	중3	suggest that+주어(+should)+동사원형	중3

Unit 01

GRAMMAR
in
Textbooks

· 현재완료진행
People **have been constructing** tall buildings since the beginning of history.

· so that ~ can/could …
Phelps came back **so that** he **could** compete in the 2016 Rio Olympics.

Unit 01
Words & Phrases ❯ 중요 단어/숙어 미리 보기

01
St. Patrick's Day

• honor	동 존경하다, 기리다	• cabbage	명 양배추
• celebrate	동 축하[기념]하다	• custom	명 관습
• death	명 죽음	• Christianity	명 기독교
• official	형 공식적인	• parade	명 퍼레이드
• attend	동 참석하다	• take place	개최되다, 열리다
• traditional	형 전통적인	• march	동 행진하다

02
The Tallest Buildings

• skyscraper	명 고층 건물	• extremely	부 극도로, 매우
• construct	동 건설하다	• cathedral	명 대성당
• since	전 ~부터[이래로]	• brick	명 벽돌
• structure	명 구조물, 건축물	• frame	명 골조, 뼈대
• weigh	동 무게가 ~이다	• development	명 발달, 개발

03
Egg Tarts

• be filled with	~로 가득 차다	• recipe	명 요리법
• A as well as B	B뿐만 아니라 A도	• differ	동 다르다
• monk	명 수도사, 수도승	• colonizer	명 식민지 개척자
• nun	명 수녀	• shell	명 껍데기, 껍질
• leftover	형 남은	• introduce	동 소개하다
• yolk	명 노른자	• colony	명 식민지
• nearby	형 가까운	• influence	동 영향을 주다

04
Michael Phelps

• be diagnosed with	~로 진단받다	• retire	동 은퇴하다
• cure	동 치료하다	• so far	지금까지
• compete in	~에 출전하다	• athlete	명 운동선수
• bronze	명 청동; *동메달	• charity	명 자선 단체
• set a record	기록을 세우다	• advice	명 조언, 충고
• including	전 ~을 포함하여		

영어는 우리말로, 우리말은 영어로 쓰시오. ▶ 단어/숙어 기본 연습

1 죽음	d_____	
2 extremely	_____	
3 nearby	_____	
4 cure	_____	
5 공식적인	o_____	
6 전통적인	t_____	
7 요리법	r_____	
8 행진하다	m_____	
9 influence	_____	
10 since	_____	
11 construct	_____	
12 은퇴하다	r_____	
13 무게가 ~이다	w_____	
14 athlete	_____	
15 소개하다	i_____	
16 조언, 충고	a_____	
17 differ	_____	
18 attend	_____	
19 honor	_____	
20 charity	_____	

21 관습	c_____	
22 구조물, 건축물	s_____	
23 colony	_____	
24 colonizer	_____	
25 bronze	_____	
26 발달, 개발	d_____	
27 including	_____	
28 frame	_____	
29 cabbage	_____	
30 벽돌	b_____	
31 monk	_____	
32 nun	_____	
33 leftover	_____	
34 Christianity	_____	
35 노른자	y_____	
36 skyscraper	_____	
37 shell	_____	
38 cathedral	_____	
39 compete in	_____	
40 be filled with	_____	

다음 우리말과 같도록 빈칸에 알맞은 말을 쓰시오. ▶ 문장 속 숙어 확인

1 _____ _____, so good. 지금까지는 좋다.

2 The Olympic Games _____ _____ every four years.
올림픽 대회는 4년마다 개최된다.

3 I have to clean the house _____ _____ _____ wash the
dishes. 나는 설거지뿐만 아니라 집 청소도 해야 한다.

4 She _____ _____ _____ for the most sales last year.
그녀는 작년에 최다 판매 기록을 세웠다.

5 He _____ _____ _____ cancer last year.
그는 작년에 암으로 진단받았다.

01 St. Patrick's Day

What religious holidays do you know?

St. Patrick's Day is a festival honoring St. Patrick of Ireland. It is usually celebrated on March 17, the date of St. Patrick's death. It became an official public holiday in Ireland in 1903. Today, St.

Patrick's Day is celebrated by many people all over the world.

Traditionally, Irish people celebrated St. Patrick's Day by attending church. They would also dance and have a traditional meal of Irish bacon and cabbage. Another custom is wearing the color green or *shamrocks. Shamrocks are small plants with three leaves. St. Patrick used ⓐ them to explain Christianity to the Irish people.

St. Patrick's Day parades became popular in the 18th century.

(A) The first St. Patrick's Day parade took place in New York City in 1762. (B) Surprisingly, the first parade did not take place in Ireland but in the United States. (C) The city's parade is also the largest St. Patrick's Day parade in the world. Each year, more than 150,000 people march in the parade. Over two million people come out to watch the six-hour parade.

*shamrock 토끼풀

1. 글의 제목으로 가장 알맞은 것은?

① The Life of Saint Patrick
② Why St. Patrick's Day Is Popular
③ Traditional Holidays from Ireland
④ Famous Holidays around the World
⑤ How People Celebrate St. Patrick's Day

2. St. Patrick's Day에 관한 글의 내용과 일치하지 <u>않는</u> 것은?

① 성 패트릭을 기리는 날이다.
② 종교적인 휴일이다.
③ 대개 매년 3월 17일에 기념된다.
④ 1903년에 아일랜드 공휴일로 지정되었다.
⑤ 아일랜드 사람들만 축제에 참여한다.

3. (A)~(C)를 글의 흐름에 알맞게 배열한 것은?

① (A)-(B)-(C) ② (B)-(C)-(A) ③ (B)-(A)-(C)
④ (C)-(B)-(A) ⑤ (C)-(A)-(B)

※ 서술형
4. 글의 밑줄 친 ⓐ them이 가리키는 것을 찾아 쓰시오.

_____

※ 서술형
5. Find the word in the passage which has the given meaning.

_____ : something that is done by people in a particular society because it is traditional

Expand Your Knowledge

성 패트릭 (St. Patrick)

성 패트릭은 아일랜드에 기독교를 전파한 아일랜드의 수호성인이다. 385년 영국에서 태어난 그는 16세에 아일랜드 해적에게 잡혀 노예 생활을 했으나 탈출하여 사제가 되기 위해 공부했다. 그 후 432년, 그는 자기를 노예로 삼았던 아일랜드로 돌아가 기독교를 전파했다. 성 패트릭은 당시 켈트 다신교를 믿었던 아일랜드 사람들에게 삼위일체 교리를 설명하기 위해 잎이 세 개인 토끼풀을 이용하였다고 한다. 그는 기독교 전파가 불가능하리라 여겨졌던 아일랜드에서 30년 동안 성공적인 선교활동을 하고 461년에 숨을 거두었다. 오늘날 사람들은 그를 잊지 않고 기억하고자 성 패트릭의 날을 국경일로 지정해 성대한 기념식을 치르고 있다.

02 The Tallest Buildings

What is the tallest building in your country?

These days, China, the United Arab Emirates, and other countries are building very tall skyscrapers. This is not a new trend though. People have been constructing tall buildings since the beginning of history.

The Great Pyramid of Giza was the world's tallest structure for 3,800 years. It was 146.5 meters tall. Pyramids in ancient Egypt were built with huge stones. These stones usually weighed hundreds of tons. Therefore, it was difficult to build the pyramids extremely high.

In 1221, a taller building was finally constructed. It was Old St. Paul's Cathedral in London. The building was made of bricks and stood 149 meters tall. People could build brick buildings quickly. But brick buildings could not be much taller because they were not strong enough.

To build taller structures, people developed steel frames. In 1908, the Singer Building in New York City became the tallest skyscraper in the world. ① It was 187 meters tall. ② Since 2009, the Burj Khalifa in Dubai has been the tallest building. ③ It is 830 meters tall. ④ Even taller buildings are already in development. ⑤

5

10

15

GRAMMAR in Textbooks

03행 ▶ 현재완료진행(have/has been + -ing): 과거에 시작된 일이 현재까지 계속 진행 중임을 강조할 때 쓰며, '계속 ~해오고 있다'의 의미로 해석한다.

I **have been studying** English for five years. 나는 5년 동안 영어를 공부해오고 있다.

He **has been taking** piano lessons since he was 10. 그는 10살 때부터 피아노 수업을 들어오고 있다.

How long **has** it **been raining**? 얼마나 오랫동안 비가 내리고 있습니까?

1 글의 주제로 가장 알맞은 것은?

① Famous cathedrals in Europe
② Why people construct tall buildings
③ The tallest buildings in New York City
④ The history of the world's tallest structures
⑤ How skyscrapers are different from other buildings

2 Old St. Paul's Cathedral에 관한 글의 내용과 일치하는 것은?

① It was 146.5 meters tall.
② It was the tallest building for 3,800 years.
③ It was built using bricks.
④ It was constructed in 1908.
⑤ It is still the tallest building the world.

3 다음 문장이 들어갈 위치로 가장 알맞은 곳은?

But it may not be the tallest building for long.

①   ②   ③   ④   ⑤

※   서술형
4 다음 질문에 우리말로 답하시오.

Q: Why was it hard to make the pyramids extremely high?

A: _____

※   서술형
5 다음 빈칸에 알맞은 단어나 표현을 글에서 찾아 쓰시오.

People could construct _____ buildings after they
developed _____.

03 Egg Tarts

Q

What desserts are popular in your country?

Egg tarts are baked pastries that are filled with egg custard. This sweet dessert can be found in Europe as well as in many Asian countries.

The first egg tart was created at a *monastery in Portugal over 200 years ago. ① At the time, Catholic monks and nuns used egg whites to *starch their clothes. ② To use the leftover egg yolks, they developed different desserts. ③ When the monastery was closed down in 1834, a nearby factory owner bought the recipe. ④ Three years later, he opened a bakery and started to sell the egg tarts. ⑤

In Asia, egg tarts are probably most popular in Hong Kong and Macao. But Hong Kong's and Macao's egg tarts differ slightly. Macao's version was brought by Portuguese colonizers. So it is made of a puff pastry shell. The Portuguese egg tart was introduced in Hong Kong during the 1940s. But as <u>the island</u> was a British colony for many years, it was influenced by British custard tarts. So it has a shortcrust pastry, which tastes like a butter cookie.

5

10

15

*monastery 수도원
*starch (옷에) 풀을 먹이다

1 　글의 주제로 가장 알맞은 것은?

① Various recipes for egg tarts
② The origin and history of egg tarts
③ The most famous dessert in Portugal
④ How Britain influenced Chinese cuisine
⑤ The popularity of egg tarts in Asian countries

2 　다음 문장이 들어갈 위치로 가장 알맞은 곳은?

> The egg tart was one of them.

① 　　　　② 　　　　③ 　　　　④ 　　　　⑤

3 　에그타르트에 관한 글의 내용과 일치하면 T, 그렇지 않으면 F를 쓰시오.

(1) The egg tart originated in Portugal.　　　　_____

(2) British-style egg tarts are popular in Hong Kong.　　_____

서술형

4 　다음 빈칸에 알맞은 단어나 표현을 글에서 찾아 쓰시오.

> The egg tart was created by Catholic _____ and
> _____ in Portugal while they made desserts to use
> the _____.

서술형

5 　글의 밑줄 친 the island가 가리키는 것을 글에서 찾아 쓰시오.

_____

04 Michael Phelps

Q

Can you name any Olympic champions?

Michael Phelps was born in Baltimore, USA, in 1985. As a kid, he was diagnosed with *attention deficit hyperactive disorder (ADHD). At age seven, he began swimming to help cure his ADHD.

In 2000, Phelps competed in his first Olympics. He was only fifteen years old. Then, at the 2004 Olympics, Phelps won his first gold medal. He also won five more golds and two bronzes. At the 2008 Beijing Olympics, he won eight gold medals. Phelps set a record for the most gold medals in a single Olympic Games.

At the London Olympics in 2012, Phelps won six medals, including four golds. After the games, he retired. In 2014, _____, Phelps came back so that he could compete in the 2016 Rio Olympics. He finished the games with five gold medals and a silver. So far, Phelps has won 28 Olympic medals. He is the athlete with the most Olympic medals.

Phelps also has his own charity. He helps children become swimmers and live healthier. His advice for young athletes is, "Dream as big as you can dream, and anything is possible."

*attention deficit hyperactive disorder (ADHD)
주의력 결핍 과잉 행동 장애

GRAMMAR in Textbooks

14행 ▶ so that ~ can/could …: …하기 위해, …할 수 있도록 (목적)

I studied hard **so that** I **could** pass the exam. 나는 그 시험에 합격하기 위해 열심히 공부했다.
(= I studied hard **in order to pass** the exam.)
He explained the problem easily **so that** I **could** understand.
그는 내가 이해할 수 있도록 그 문제를 쉽게 설명했다.

1 **What is the best title for the passage?**

① The World's Best Athletes

② Different Sports That People Enjoy

③ Why Michael Phelps Became a Swimmer

④ Charities That Help Children Learn to Swim

⑤ Michael Phelps Won the Most Olympic Medals

2 **What happened to Michael Phelps in the 2008 Olympics?**

① He won more silver medals than gold medals.

② He won the most gold medals in a single Olympics.

③ He became the athlete with the most medals.

④ He retired from swimming.

⑤ He started a charity for children.

3 **Which is the best choice for the blank?**

① however   ② therefore   ③ unfortunately

④ moreover   ⑤ for example

※ 서술형

4 **How many gold medals has Phelps won at the Olympics?**

_____

☑ *Summary* **Use the words in the box to fill in the blanks.**

most	ADHD	charity	swimmers

Michael Phelps is one of the greatest _____ in the world. At age seven, he began swimming to cure his _____. Then, he won his first gold medal at the 2004 Olympics. At the 2008 Olympics, he became the athlete with the _____ Olympic medals. So far, he has won 28 Olympic medals. He also started a(n) _____ to help kids become swimmers.

focus On Sentences › 중요 문장 다시 보기

A 다음 문장을 밑줄 친 부분에 유의하여 우리말로 해석하시오.

1 St. Patrick's Day is a festival <u>honoring St. Patrick of Ireland</u>.

_____

2 People <u>have been constructing</u> tall buildings since the beginning of history.

_____

3 Therefore, <u>it</u> was difficult <u>to build the pyramids extremely high</u>.

_____

4 Phelps came back <u>so that he could compete</u> in the 2016 Rio Olympics.

_____

B 우리말과 같은 뜻이 되도록 주어진 말을 바르게 배열하시오.

1 오늘날, 성 패트릭의 날은 전 세계의 많은 사람들에 의해 기념된다.

Today, St. Patrick's Day _____ all over the world.
   (celebrated, many, is, by, people)

2 벽돌 건물들은 충분히 강하지 않았기 때문에 훨씬 더 높을 수는 없었다.

Brick buildings could not be much taller _____.
   (not, because, were, enough, they, strong)

3 네가 꿈꿀 수 있는 만큼 크게 꿈을 꿔라, 그러면 어떤 것도 가능하다.

_____, and anything is possible.
   (dream, can, dream, you, big, as, as)

C 우리말과 같은 뜻이 되도록 빈칸에 알맞은 말을 쓰시오.

1 최초의 성 패트릭의 날 퍼레이드는 1762년에 뉴욕 시에서 개최되었다.

The first St. Patrick's Day parade _____ _____ in New York City
in 1762.

2 에그타르트는 달걀 커스터드 크림으로 채워진 구운 페이스트리이다.

Egg tarts are baked pastries that _____ _____ _____
egg custard.

3 Phelps는 단일 올림픽 대회 최다 금메달로 기록을 세웠다.

Phelps _____ _____ _____ for the most gold medals in
a single Olympic Games.

Unit 02

 Amazing Facts about the Earth
지구에 관한 놀라운 사실들

 Christmas Trees
크리스마스의 상징, 크리스마스 트리

 Words from Shakespeare
Shakespeare가 만든 신조어

 **Ancient Greece vs. Ancient Rome**
닮은 듯 다른 고대 그리스와 로마

GRAMMAR in Textbooks

· cannot help -ing
When Christmas is coming, you **can't help seeing** Christmas trees everywhere you go.

· to부정사의 의미상의 주어
But it was common **for Romans to use** slaves on farms.

Unit 02
Words & Phrases ❱ 중요 단어/숙어 미리 보기

05
Amazing Facts about the Earth

• atmosphere	명 대기	• species	명 (생물) 종
• fragment	명 조각, 파편	• ocean	명 바다, 대양
• notice	동 알아차리다	• one-third	명 3분의 1 (1/3)
• spacesuit	명 우주복	• surface	명 표면
• altitude	명 고도	• remaining	형 남아 있는
• pressure	명 압력, 기압	• core	명 중심부, 핵
• temperature	명 온도, 기온	• solid	형 단단한, 고체의

06
Christmas Trees

• look forward to	~을 고대하다	• gradually	부 점차
• religious	형 종교적인	• spread	동 퍼지다
• decorate	동 장식하다	• throughout	전 ~ 전역에
• nut	명 견과	• immigrant	명 이민자
• wealthy	형 부유한	• put up	세우다
• add	동 더하다		

07
Words from Shakespeare

• play	명 희곡	• eyeball	명 안구
• gloomy	형 우울한	• birthplace	명 출생지, 발생지
• describe	동 설명[묘사]하다	• character	명 등장인물
• belongings	명 소유물, 소지품	• elbow	명 팔꿈치
• belong	동 ~에 속하다	• appear	동 나타나다
• put together	합치다, 조립하다	• luggage	명 짐, 수하물

08
Ancient Greece vs. Ancient Rome

• aspect	명 측면, 면	• expand	동 확대[확장]되다
• citizen	명 시민	• available	형 이용할 수 있는
• politician	명 정치인	• labor	명 노동
• foreigner	명 외국인	• sculpture	명 조각품
• vote	동 투표하다	• idealistic	형 이상적인
• take part in	~에 참가[참여]하다	• imitate	동 모방하다
• agriculture	명 농업	• portray	동 그리다, 묘사하다
• depend on	~에 의존하다	• military	형 군(사)의
• empire	명 제국		

영어는 우리말로, 우리말은 영어로 쓰시오. ▶단어/숙어 기본 연습

1	aspect	_____	21 이상적인	i _____
2	sculpture	_____	22 알아차리다	n _____
3	agriculture	_____	23 희곡	p _____
4	등장인물	c _____	24 expand	_____
5	religious	_____	25 단단한, 고체의	s _____
6	gloomy	_____	26 military	_____
7	압력, 기압	p _____	27 available	_____
8	atmosphere	_____	28 퍼지다	s _____
9	describe	_____	29 temperature	_____
10	시민	c _____	30 empire	_____
11	luggage	_____	31 바다, 대양	o _____
12	spacesuit	_____	32 surface	_____
13	투표하다	v _____	33 장식하다	d _____
14	appear	_____	34 중심부, 핵	c _____
15	모방하다	i _____	35 belongings	_____
16	species	_____	36 portray	_____
17	더하다	a _____	37 immigrant	_____
18	부유한	w _____	38 altitude	_____
19	labor	_____	39 fragment	_____
20	foreigner	_____	40 정치인	p _____

다음 우리말과 같도록 빈칸에 알맞은 말을 쓰시오. ▶문장 속 숙어 확인

1 I _____ _____ _____ meeting you soon. 곧 다시 뵙기를 고대합니다.

2 I like to _____ _____ _____ sports activities.
나는 스포츠 활동에 참여하는 것을 좋아한다.

3 He was trying to _____ the pieces _____. 그는 그 조각들을 합치려고 애쓰고 있었다.

4 We _____ _____ food to survive. 우리는 생존을 위해 음식에 의존한다.

5 They _____ _____ fences around the chickens. 그들은 그 닭들 주변에 울타리를 세웠다.

05 Amazing Facts about the Earth

Q

What do you know about the Earth?

Our home planet is an amazing place. Here are some facts you probably don't know.

(A)

- Each day, 100 tons of *meteorites fall to the Earth. But don't worry. They are mainly fragments of space dust. So they are too small to notice.

- At 19 kilometers above sea level, it becomes necessary to wear a spacesuit. Above this altitude, the pressure is so low that water boils at body temperature.

(B)

- Scientists believe that over one million species live in the oceans. Yet we only know one-third of them.

- Water covers about 70 percent of the Earth's surface. Unfortunately, we can drink only one percent of the Earth's water. 97 percent of it is salt water. The remaining 2 percent is snow and ice.

(C)

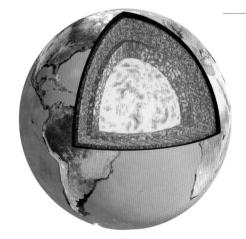

- The Earth's core is 5,500 degrees Celsius. ⓐ This is the same temperature as the surface of the sun.

- At the center of the Earth, you will find a solid ball of iron 2,300 kilometers wide. You will also find about 99 percent of the Earth's gold in its core!

*meteorite 운석

1 글의 빈칸 (A), (B), (C)에 들어갈 말이 순서대로 짝지어진 것은?

① Space – Ground – Sun
② Under the Earth – Sea – Sun
③ Atmosphere – Ground – Sea
④ Sea – Atmosphere – Under the Earth
⑤ Atmosphere – Sea – Under the Earth

2 글의 내용과 일치하면 T, 그렇지 않으면 F를 쓰시오.

(1) 해양 생물의 3분의 2는 아직 밝혀지지 않았다. _____

(2) 지구의 물 중 우리가 마실 수 있는 물은 30퍼센트이다. _____

3 글에 따르면, 지구에서 금이 가장 많이 존재하는 장소는?

① 대기　　　　　　　② 바다　　　　　　　③ 지표면
④ 지구 핵　　　　　　⑤ 빙하

※ 서술형

4 글의 내용과 일치하도록 다음 질문에 답하시오.

Q: What do people need to travel more than 19 kilometers above sea level?
A: They need a(n) _____ .

※ 서술형

5 글의 밑줄 친 ⓐ This가 가리키는 내용을 글에서 찾아 쓰시오.

_____

06 Christmas Trees

Does your family decorate a Christmas tree?

Do you look forward to Christmas every year? When Christmas is coming, you can't help seeing Christmas trees everywhere you go. But do you ever wonder where the Christmas tree came from?

The tradition of the Christmas tree started in Germany in the 16th century. Religious people would bring a *pine tree inside their homes. They would decorate their trees with apples, nuts, and other foods. Later, wealthy people started adding wax candles to their trees.

① Gradually, the tradition of the Christmas tree spread throughout Europe. ② German immigrants also brought the tradition to other countries. ③ By the early 20th century, many cities in the U.S. put up public Christmas trees each year. ④ Having a Christmas tree in the home became an American tradition, too. ⑤

Today, Christmas trees are mostly popular in America and Europe. But they are becoming more common in parts of Asia. You can often see a huge Christmas tree at a mall in Hong Kong or Seoul.

*pine tree 소나무

GRAMMAR in Textbooks

02행 ▶ cannot help -ing: ~하지 않을 수 없다, ~할 수 밖에 없다

He **couldn't help telling** the truth. 그는 사실대로 말할 수 밖에 없었다.

= He **couldn't help but tell** the truth.

= He **had no choice but to** tell the truth.

1 글의 제목으로 가장 알맞은 것은?

① Why We Have Christmas Trees

② Customs That Come from Germany

③ Christmas Traditions around the World

④ The Truths about the Christmas Holiday

⑤ Tips for Decorating Your Christmas Tree

2 크리스마스 트리에 관한 글의 내용과 일치하지 <u>않는</u> 것은?

① They appeared in the 16th century.

② They were first made by religious people.

③ They were decorated with food.

④ They are usually in people's homes in America.

⑤ They are most popular in Asian countries.

3 다음 문장이 들어갈 위치로 가장 알맞은 곳은?

> The trees became especially popular in the United States.

①   ②   ③   ④   ⑤

서술형

4 글의 내용과 일치하도록 다음 질문에 답하시오.

Q: How did wealthy Germans decorate their Christmas trees?

A: They would add _____.

☑ *Summary* **Use the words in the box to fill in the blanks.**

food	Europe	Asia	tradition

Christmas trees are a popular _____. German people started decorating pine trees in the 16th century. They would decorate their trees with _____ and candles. Later, the tradition spread to _____ and other countries. In the 20th century, they became popular in the United States. These days, Christmas trees are even becoming common in _____.

07 Words from Shakespeare

What new words have you learned recently?

William Shakespeare is one of the most famous English writers. He wrote 37 plays, including *Hamlet* and *Romeo and Juliet*. But did you know that he created around 1,700 new English words?

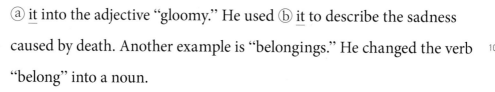

Shakespeare made some of the words by changing the *parts of speech. For example, he took the noun "gloom" and made ⓐ it into the adjective "gloomy." He used ⓑ it to describe the sadness caused by death. Another example is "belongings." He changed the verb "belong" into a noun.

Other words he invented are *compound words. (A) It describes our eyes and their shape. (B) These are words made by putting two words together. (C) One famous example is the word "eyeball." Another compound word from Shakespeare is "birthplace." One of his characters says he hates his birthplace. It means his hometown.

Some of Shakespeare's words were completely _____. The word "elbow" first appeared in the play *King Lear*. Today, we carry our "luggage" with us on vacation. But before Shakespeare, people called it a travel bag.

*part of speech 품사
*compound word 합성어

1 글에서 Shakespeare에 관해 언급되지 <u>않은</u> 것은?

① 영국 출신의 작가이다.

② 37편의 희곡을 썼다.

③ 약 1,700개의 영어 단어를 만들었다.

④ 영어 외에도 여러 언어에 능통했다.

⑤ 기존 단어들을 이용해 새 단어를 만들기도 했다.

2 글에 따르면, Shakespeare가 만든 단어가 <u>아닌</u> 것은?

① belong   ② birthplace   ③ eyeball
④ elbow   ⑤ luggage

3 (A)~(C)를 글의 흐름에 알맞게 배열한 것은?

① (A)-(B)-(C)   ② (B)-(C)-(A)   ③ (B)-(A)-(C)
④ (C)-(B)-(A)   ⑤ (C)-(A)-(B)

※ 서술형

4 글의 밑줄 친 ⓐ와 ⓑ가 가리키는 것을 찾아 쓰시오.

ⓐ _____   ⓑ _____

※ 서술형

5 글의 빈칸에 알맞은 말을 글에서 찾아 쓰시오.

_____

Expand Your Knowledge

윌리엄 셰익스피어
(*William Shakespeare*)

셰익스피어는 1564년 잉글랜드에서 태어났다. 학창 시절에 라틴어를 배우며 고전 문학에 대한 소양을 키웠으며, 이후 런던의 극단에서 전속 극작가로 일하며 많은 작품들을 썼다. 그는 1590년부터 1613년까지 10편의 비극, 17편의 희극, 10편의 역사극을 집필하였고 몇 편의 장시와 시집을 집필하기도 했다. 우리에게 유명한 셰익스피어의 4대 비극으로는 〈햄릿〉, 〈오셀로〉, 〈리어왕〉, 〈맥베스〉가 있으며, 5대 희극으로는 〈한여름 밤의 꿈〉, 〈베니스의 상인〉, 〈말괄량이 길들이기〉, 〈십이야〉, 〈뜻대로 하세요〉가 있다. 대부분의 작품이 그의 생전에 인기를 누렸으며, "셰익스피어를 인도와도 바꾸지 않겠다"고 할 만큼 그는 영국인들의 문화적 자부심이자 큰 보물로 여겨진다.

08 Ancient Greece vs. Ancient Rome

What comes to your mind when you think of ancient Greece and Rome?

Ancient Greece is considered the birthplace of Western *civilization. The Romans later copied many aspects of Greek culture. Yet there were many differences between them.

In ancient Greece, all citizens could become politicians and make laws. However, women, slaves, and foreigners could not be citizens. _____, some foreigners in ancient Rome could become citizens and vote. Women in ancient Rome were also citizens. But they still could not vote or take part in politics.

The economy in ancient Greece was based on agriculture. The Greeks grew wheat, olives, and grapes. The Romans also depended on agriculture. But it was common for Romans to use slaves on farms. As the empire expanded, slaves were widely available. They also provided a cheap source of labor.

Perhaps Greece is best known for its artwork. Most Greek sculptures were of gods and heroes. They also showed men with idealistic bodies. Roman art imitated Greek art in many ways. However, the Romans portrayed men as they really looked. In addition, the people in Rome paintings were usually political and military leaders.

*civilization 문명

GRAMMAR in Textbooks

13행 ▶ to부정사의 의미상의 주어: to부정사의 의미상의 주어는 to부정사 앞에 'for + 목적격'으로 나타낸다.
단, 'It(가주어) ~ to부정사(진주어)' 구문에서 사람의 성격이나 성품을 나타내는 형용사가 오면 of를 쓴다.
It is dangerous **for kids to use** the machine. 아이들이 그 기계를 사용하는 것은 위험하다.
It was very kind **of you to show** me the way. 길을 가르쳐주셔서 정말 감사합니다.

1 According to the passage, which is true about women in ancient Rome?

① They were not citizens.
② They often worked as slaves.
③ They could participate in politics.
④ They had fewer rights than some foreigners.
⑤ They were not allowed to leave their homes.

2 Which is the best choice for the blank?

① Similarly　　　　② As a result　　　　③ In contrast
④ In addition　　　⑤ For example

3 According to the passage, which is NOT true?

① Roman art was influenced by Greece.
② The Greeks made statues of perfect bodies.
③ The Greeks only made statues of gods and heroes.
④ Roman artists made realistic portraits and sculptures.
⑤ The Romans would paint their political and military leaders.

※　서술형
4 Fill in the blanks with the words from the passage.

> The economies of both ancient Greece and Rome were based
> on _____, but in Rome, _____ were often
> used to work on farms.

※　서술형
5 Find the word in the passage which has the given meaning.

_____: to show your choice of a person or an issue
in an election

focus On Sentences

A 다음 문장을 밑줄 친 부분에 유의하여 우리말로 해석하시오.

1 Above this altitude, the pressure is <u>so low that water boils</u> at body temperature.

_____

2 When Christmas is coming, you <u>can't help seeing</u> Christmas trees everywhere you go.

_____

3 He wrote 37 plays, <u>including</u> *Hamlet* and *Romeo and Juliet*.

_____

4 It was common <u>for Romans to use</u> slaves on farms.

_____

B 우리말과 같은 뜻이 되도록 주어진 말을 바르게 배열하시오.

1 그것들은 너무 작아서 알아차릴 수 없다.

_____
(too, they, notice, are, to, small)

2 집에 크리스마스 트리를 두는 것은 미국의 전통이 되기도 했다.

_____ became an American tradition, too.
(home, a Christmas tree, in, having, the)

3 Shakespeare 이전에는 사람들이 그것을 여행가방이라고 불렀다.

Before Shakespeare, _____.
(it, called, a, people, travel bag)

C 우리말과 같은 뜻이 되도록 빈칸에 알맞은 말을 쓰시오.

1 당신은 해마다 크리스마스를 고대하는가?

Do you _____ _____ _____ Christmas every year?

2 이것들은 두 개의 단어를 합쳐서 만들어진 단어들이다.

These are words made by _____ two words _____.

3 그들은 여전히 투표를 하거나 정치에 참여할 수 없었다.

They still could not vote or _____ _____ politics.

Unit 03

GRAMMAR in Textbooks

· 과거완료
Chantal **had run** a campaign to reduce food waste.

· It(가주어) ~ that(진주어) …
It is true **that using WeChat can be risky.**

09
The Paralympics

• competition	몡 경쟁, 경기[대회]	• at least	적어도, 최소한
• disabled	혱 장애를 가진	• intelligence	몡 지능
• international	혱 국제의	• compete	동 겨루다, 참가하다
• injured	혱 부상당한, 다친	• be similar to	~와 비슷하다
• overcome	동 극복하다	• blind	혱 시각 장애인의
• disability	몡 장애	• thanks to	~ 덕분에
• participate in	~에 참가하다		

10
Kromkommer

• college	몡 대학	• raise	동 올리다; *모금하다
• shelf	몡 선반	• run a campaign	캠페인을 하다
• realize	동 깨닫다	• flattened	혱 납작해진
• ugly	혱 못생긴	• awareness	몡 인식
• throw away	버리다	• no matter how	어떻게[얼마나] ~하든
• reduce	동 줄이다		

11
Traditional Dances from around the World

• unique	혱 독특한	• beat	몡 박자, 장단
• perform	동 공연하다	• unusual	혱 특이한
• village	몡 마을	• hold	동 들다, 갖고 있다
• settler	몡 정착민	• hobby-horse	몡 목마
• chant	몡 노래	• in a line	한 줄로
• instrument	몡 악기	• rhythm	몡 리듬
• community	몡 지역 사회		

12
China's Super App

• ban	동 금지하다	• possibly	붸 아마도
• replace	동 대신[대체]하다	• fear	동 두려워하다
• feature	몡 특징	• risk	몡 위험
• message	동 메시지를 보내다	• risky	혱 위험한
• look up	찾아보다	• convenient	혱 편리한
• direction	몡 방향, 위치		

영어는 우리말로, 우리말은 영어로 쓰시오. ▶단어/숙어 기본 연습

1	rhythm	_____	21	깨닫다	r_____
2	competition	_____	22	feature	_____
3	마을	v_____	23	injured	_____
4	줄이다	r_____	24	possibly	_____
5	hold	_____	25	악기	i_____
6	극복하다	o_____	26	두려워하다	f_____
7	못생긴	u_____	27	raise	_____
8	disabled	_____	28	편리한	c_____
9	replace	_____	29	박자, 장단	b_____
10	blind	_____	30	compete	_____
11	대학	c_____	31	settler	_____
12	공연하다	p_____	32	방향, 위치	d_____
13	disability	_____	33	hobby-horse	_____
14	awareness	_____	34	unique	_____
15	국제의	i_____	35	flattened	_____
16	unusual	_____	36	선반	s_____
17	금지하다	b_____	37	risk	_____
18	지역 사회	c_____	38	chant	_____
19	risky	_____	39	thanks to	_____
20	intelligence	_____	40	at least	_____

다음 우리말과 같도록 빈칸에 알맞은 말을 쓰시오. ▶문장 속 숙어 확인

1 Your opinion _____ _____ _____ mine. 네 의견은 내 의견과 비슷하다.

2 Don't _____ _____ the plastic bottles. Instead, put them in the recycling bin. 그 플라스틱 병들을 버리지 마세요. 대신, 그것들을 재활용 쓰레기통에 넣으세요.

3 People are standing _____ _____ _____ for a bus.
사람들이 버스를 타려고 한 줄로 서있다.

4 _____ _____ the word in the dictionary. 그 단어를 사전에서 찾아봐라.

5 There are many ways to _____ _____ the campaign.
그 캠페인에 참가하는 많은 방법들이 있다.

09 The Paralympics

Do you know any athletes with disabilities?

The Olympic Games are one of the biggest sporting events in the world. But many people do not know about the Paralympics. It is an Olympic competition for disabled people.

In 1948, a doctor named Ludwig Guttmann created the International Wheelchair Games. He made the games to help people   5 injured in wars to overcome their disabilities. In 1960, the name was changed to the Paralympic Games. Since 1988, the Paralympics have taken place in the same city as the Olympics.

To participate in the Paralympics, athletes must have at least one of 10 disabilities. This includes missing a body part such as an arm or a leg.   10 Unusually short athletes and athletes with lower intelligence can also compete. Many of the Paralympic sports are similar to Olympic sports but have some changes. _____, runners who are blind have guides to help them. In basketball, all the players are in wheelchairs.

Thanks to the Paralympics, people with disabilities can compete in   15 the sports they love.

1 글의 주제로 가장 알맞은 것은?

① Popular sports for disabled people
② Famous inventions by Dr. Guttmann
③ A sports competition for disabled people
④ Injuries that cause people to become disabled
⑤ The difference between the Olympics and the Paralympics

2 패럴림픽에 관한 글의 내용과 일치하지 <u>않는</u> 것은?

① Ludwig Guttmann이 처음 고안했다.
② 국제 휠체어 대회에서 발전되었다.
③ 패럴림픽 명칭은 1960년부터 사용되었다.
④ 올림픽 개최지와 같은 도시에서 열린다.
⑤ 신체적 장애인만 선수로 인정된다.

3 글의 빈칸에 들어갈 말로 가장 알맞은 것은?

① However   ② Similarly   ③ Moreover
④ Surprisingly   ⑤ For example

※   서술형

4 Find the word in the passage which has the given meaning.

_____ : to succeed in dealing with or
controlling a problem

※   서술형

5 다음 빈칸에 알맞은 단어를 글에서 찾아 쓰시오.

> In the Paralympics, blind runners have _____ to help them, and the basketball players are in _____.

Expand Your Knowledge

패럴림픽 이름의 유래

패럴림픽(Paralympic)이라는 이름은 하반신 마비를 뜻하는 '패러플리직(paraplegic)'과 '올림픽(Olympic)'의 합성어로 탄생하게 되었다. 그러나 하반신 마비뿐만 아니라 다른 장애를 가진 선수들도 참여하게 되면서 이 이름이 패럴림픽을 정확하게 반영하지는 않게 되었다. 오늘날 패럴림픽은 그리스어인 'para(옆의, 나란히)'라는 접두어가 결합된 것으로 올림픽과 나란히 개최된다는 의미로 사용하고 있다. 또한 패럴림픽은 1948년 국제 휠체어 대회(International Wheelchair Games)에서 발전된 것으로, 이 초대 대회는 개최지의 이름을 따서 국제 스토크 맨데빌 대회(International Stoke Mandeville Games)라고도 알려져 있다.

10 Kromkommer

Q How can we reduce food waste?

In 2013, Dutch college students Jente and Lisanne went to a market. They noticed that many vegetables were left on the shelves. The girls realized that people did not want to eat vegetables that look strange. They wondered why ugly vegetables have to be thrown away. 5
They wanted to find a way to solve this problem.

Jente and Lisanne started a *crowdfunding campaign. They wanted to save these ugly vegetables. This would also reduce food waste. In two months, they raised over 31,000 euros. They started a company with Chantal. Chantal had run a campaign to reduce food 10
waste. They named their company Kromkommer. It means "*crooked cucumber."

Kromkommer makes soups out of ugly vegetables. Its soups use flattened tomatoes and two-legged carrots. Now, these soups are sold at over fifty stores in the Netherlands. Jente and Lisanne also 15
want to increase awareness of food waste. They do ⓐ that through campaigns. During these campaigns, they sell hundreds of kilograms of ugly fruits and vegetables. They hope that people will someday buy vegetables no matter how they _____. 20

*crowdfunding 크라우드펀딩 (온라인을 통한 모금)
*crooked 뒤틀린

GRAMMAR in Textbooks

10행 ▶ 과거완료(had + p.p.): 과거 어느 시점보다 먼저 일어난 일을 나타내며, 주로 기준 시점 이전에 완료된 일이나 경험을 나타낸다.

When we arrived there, the bus **had** already **left**. 우리가 그곳에 도착했을 때, 버스는 이미 떠났다.

Amy said she **had met** him before. Amy는 그를 전에 만난 적이 있다고 말했다.

1 글의 제목으로 가장 알맞은 것은?

① How Kromkommer Was Founded
② Why People Do Not Buy Ugly Foods
③ The Benefits of Using Crowdfunding
④ A Company That Saves Ugly Vegetables
⑤ Different Campaigns to Reduce Food Waste

2 Kromkommer에 관한 글의 내용과 일치하면 T, 그렇지 않으면 F를 쓰시오.

(1) The company uses ugly vegetables to make soups. _____

(2) The company's soups are mostly sold online. _____

3 글의 빈칸에 들어갈 말로 가장 알맞은 것은?

① taste   ② look   ③ smell   ④ feel   ⑤ sound

※ 서술형

4 Find the word in the passage which has the given meaning.

_____: a series of activities to reach a goal

※ 서술형

5 글의 밑줄 친 ⓐ that이 가리키는 내용을 우리말로 쓰시오.

_____

11 Traditional Dances from around the World

What dances from other countries do you like?

Many cultures have their own unique dances. Some of these dances are world famous. Others are only performed in small villages. All of them are interesting to learn about.

One of the most famous dances is hula dancing. It was developed in Hawaii by Polynesian settlers. Traditional drums and rattles were played while people danced. The dances included chants to tell stories or to share historical events. Hula dancing today uses instruments such as guitars and ukuleles.

On Chinese New Year, Chinese communities everywhere perform the dragon dance. They believe the dance brings good luck to the community. The dance is performed by a group of people. They carry a long dragon body above them. Each part of the dragon must move in time with the drum beats.

The Abbots Bromley Horn Dance from England is an unusual dance. It takes place every September. Six dancers hold large deer *antlers. The other dancers include an accordion player, a *Maid Marian, a Hobby-horse, and a Fool. The dancers simply step in a line to the rhythm of the music.

*antler (사슴의) 가지진 뿔
*Maid Marian 5월의 여왕

1 글에서 훌라춤에 쓰이는 악기로 언급되지 <u>않은</u> 것은?

① drums   ② rattles   ③ pipes   ④ guitars   ⑤ ukuleles

2 글에 따르면, 중국 사람들이 dragon dance를 추는 이유는?

① To tell stories about the past
② To bring good luck to the area
③ To celebrate someone's wedding
④ To maintain their unique culture
⑤ To attract tourists to the community

3 각 춤과 그것의 특징을 연결하시오.

(1) hula dancing   ·   · a. It takes place every fall.

(2) dragon dance   ·   · b. It included chants to tell stories.

(3) Abbots Bromley ·   · c. The dancers move in time
    Horn Dance   with the drum beats.

4 Find the word in the passage which has the given meaning.

_____ : someone who goes to live in a new place

Summary **Use the words in the box to fill in the blanks.**

antlers	good luck	hula dance	dragon dance

The _____ was brought to Hawaii by Polynesian settlers. It was
used to tell stories and to share important events. Another famous dance is the
Chinese _____. Chinese people perform this dance every New Year for
_____. The Abbots Bromley Horn Dance takes place in England every
September. Six dancers hold _____ while they move to the music.

12 China's Super App

Q What application do you use the most on your smartphone?

For many years, some Chinese technology companies copied ideas from Western companies. But today, Western companies are learning from Chinese companies about developing applications.

Many popular applications, such as Facebook and YouTube, are banned in China. As a result, companies in China developed applications to replace these. In some cases, the Chinese versions have features the American apps do not have.

The most interesting Chinese application is called WeChat. Some people call it a "super app." The reason is that WeChat does the work of many apps. (a) So people can use only WeChat and no other apps.

(b) For example, people can message their friends to eat dinner together. (c) They can look up restaurant reviews and then get directions. (d) After eating, they can pay the restaurant. (e) Some people prefer to pay with their credit cards. All of this can be done with WeChat.

Some people think super applications like WeChat are possibly dangerous. They fear that using one application to do so many activities can increase the risk of *identity theft. It is true that using WeChat can be risky. But people will still use it because it is so convenient.

*identity theft 신원 도용

GRAMMAR in Textbooks

19행 ▶ It(가주어) ~ that(진주어) …: that절이 주어인 경우, 주어 자리에 가주어 it을 쓰고 진주어인 that절은 문장 뒤로 보내어 쓸 수 있다.
It is important **that** you always do your best. 당신이 항상 최선을 다하는 것은 중요하다.
It was unfortunate **that** he didn't pass the exam. 그가 시험에 합격하지 못한 것은 유감이었다.

1　What is the passage mainly about?

① Why China bans some applications

② How young people use their phones

③ Features that people want in their apps

④ An app that can replace many other apps

⑤ Chinese companies that copy Western companies

2　Why do some people call WeChat a "super app"?

① Because it is free to download

② Because it prevents identity theft

③ Because it includes American apps

④ Because it helps people make friends

⑤ Because it does the work of many apps

3　Which sentence does NOT fit in the passage?

① (a)　　　② (b)　　　③ (c)　　　④ (d)　　　⑤ (e)

4　Why did Chinese companies develop their own versions of American applications?

Because _____

_____

5　Fill in the blanks with the words from the passage.

Apps like WeChat can increase the risk of _____.
However, people will still use them because they are so
_____.

focus On Sentences ›

A 다음 문장을 밑줄 친 부분에 유의하여 우리말로 해석하시오.

1 He made the games to help <u>people injured in wars</u> to overcome their disabilities.

_____

2 Since 1988, the Paralympics <u>have taken place</u> in the same city as the Olympics.

_____

3 They wondered why ugly vegetables <u>have to be thrown away</u>.

_____

4 <u>It</u> is true <u>that using WeChat can be risky</u>.

_____

B 우리말과 같은 뜻이 되도록 주어진 말을 바르게 배열하시오.

1 그들은 자신들의 회사를 크롬꼬머(Kromkommer)라고 이름 지었다.

_____
(company, they, Kromkommer, their, named)

2 그들은 사람들이 언젠가는 채소들이 어떻게 생겼든지 그것들을 사기를 바란다.

They hope that people will someday buy vegetables _____.
(they, matter, look, how, no)

3 그 무용수들은 그저 음악의 리듬에 맞춰 한 줄로 나아간다.

The dancers simply step in a line _____.
(the, rhythm, music, the, to, of)

C 우리말과 같은 뜻이 되도록 빈칸에 알맞은 말을 쓰시오.

1 패럴림픽에 참가하기 위해 선수들은 열 가지 장애들 중 적어도 한 가지를 갖고 있어야 한다.

To _____ _____ the Paralympics, athletes must have at least one of 10 disabilities.

2 패럴림픽 경기 종목들 다수는 올림픽 경기 종목들과 비슷하다.

Many of the Paralympic sports _____ _____ _____ Olympic sports.

3 그들은 식당 후기들을 찾아보고 가는 길을 찾을 수 있다.

They can _____ _____ restaurant reviews and then get directions.

Unit 04

GRAMMAR in Textbooks

· should have p.p.
But he **should have been** more careful.

· 접속사 whether/if
They discussed **if** they could make it into a bed and breakfast.

13
The Theremin

•government	명 정부
•discover	동 발견하다
•electronic	형 전자의
•army	명 군대
•antenna	명 안테나; 더듬이
•control	동 통제[지배]하다; *조절하다

•pitch	명 음의 높이
•volume	명 음량, 볼륨
•loud	형 (소리가) 큰, 시끄러운
•farther	부 더 멀리
•quiet	형 조용한
•rest	동 두다[얹다], 기대다

14
Mayor Stubbs

•mayor	명 시장
•kitten	명 새끼 고양이
•adopt	동 입양하다
•tail	명 꼬리
•tourist attraction	관광 명소, 볼거리
•local	형 지역[현지]의; 명 현지인
•fall	동 떨어지다

•turn off	(전기·가스 등을) 끄다
•get hurt	다치다
•attack	동 공격하다
•donate	동 기부하다
•bill	명 청구서
•recover	동 회복하다
•continue	동 계속하다

15
Moving Sculptures

•object	명 물건, 물체
•still	부 여전히; 형 *정지한
•design	동 설계하다, 고안하다
•outdoor	형 야외의
•metal	형 금속의
•spin	동 회전하다
•catch the eye	눈길을 끌다

•layer	명 층
•separately	부 따로
•second	명 (시간 단위) 초
•come apart	부서지다, 흩어지다
•a pair of	한 쌍의
•up and down	위아래로
•flap	동 퍼덕이다

16
Airbnb

•afford to-v	~할 여유가 있다
•rent	명 집세; 동 임대하다
•connect	동 연결하다
•search for	~을 찾다
•private	형 사유[전용]의
•shared	형 공유[공동]의

•entire	형 전체의
•book	동 예약하다
•through	전 ~을 통해
•allow	동 허락[허용]하다
•dislike	동 싫어하다
•nevertheless	접 그럼에도 불구하고

영어는 우리말로, 우리말은 영어로 쓰시오. ▶단어/숙어 기본 연습

1	연결하다	c_____	21	정부	g_____
2	object	_____	22	pitch	_____
3	조용한	q_____	23	청구서	b_____
4	(시간 단위) 초	s_____	24	army	_____
5	싫어하다	d_____	25	rent	_____
6	layer	_____	26	야외의	o_____
7	control	_____	27	꼬리	t_____
8	still	_____	28	electronic	_____
9	발견하다	d_____	29	spin	_____
10	rest	_____	30	local	_____
11	design	_____	31	kitten	_____
12	allow	_____	32	큰, 시끄러운	l_____
13	adopt	_____	33	~을 통해	t_____
14	예약하다	b_____	34	farther	_____
15	회복하다	r_____	35	공격하다	a_____
16	metal	_____	36	separately	_____
17	사유[전용]의	p_____	37	mayor	_____
18	nevertheless	_____	38	volume	_____
19	기부하다	d_____	39	떨어지다	f_____
20	entire	_____	40	계속하다	c_____

다음 우리말과 같도록 빈칸에 알맞은 말을 쓰시오. ▶문장 속 숙어 확인

1 _____ _____ the computer when you are not using it.
컴퓨터를 쓰지 않을 때는 꺼라.

2 I'm glad you didn't _____ _____. 네가 다치지 않아서 다행이야.

3 Her clothes always _____ _____ _____.
그녀의 옷들은 항상 눈길을 끈다.

4 She lost _____ _____ _____ earrings.
그녀는 귀걸이 한 쌍을 잃어버렸다.

5 He could _____ _____ buy the house.
그는 그 집을 살 여유가 있었다.

13 The Theremin

What is the most unusual musical instrument you know of?

Have you ever seen a musical instrument you play without touching it? There is one instrument like this. It is called the theremin.

The theremin was invented by Leon Theremin in 1920. He worked for the Russian government to create military technology. (A) He began showing his new instrument to people around the world. (B) Leon discovered that he could use the sensors to make an electronic musical instrument. (C) For one project, he made sensors for the army. It soon became very popular.

The theremin is a box with two antennas. One antenna controls the sound pitch. The other controls the volume. You play the theremin by moving your hands around the antennas. When you move your

hands closer to the antennas, the sound gets higher and louder. If you move your hands farther away, it becomes lower and quieter. The theremin was used to make music for sci-fi movies because of its strange sound. Playing the theremin is very difficult. The reason is that you cannot rest your hands on the instrument. So your arms get tired quickly!

1 theremin에 관한 글의 내용과 일치하면 T를, 그렇지 않으면 F를 쓰시오.

(1) 악기 이름은 발명가의 이름을 따서 지어졌다. _____

(2) 군대에서 사용할 목적으로 만들어졌다. _____

2 (A)~(C)를 글의 흐름에 알맞게 배열한 것은?

① (A)-(C)-(B)　　　　② (B)-(A)-(C)　　　　③ (B)-(C)-(A)

④ (C)-(A)-(B)　　　　⑤ (C)-(B)-(A)

3 글을 읽고 theremin에 관해 답할 수 없는 질문은?

① When was the theremin invented?

② How does the theremin look?

③ What do the two antennas do?

④ How do you play the theremin?

⑤ Who are some famous theremin players?

서술형

4 다음 빈칸에 알맞은 단어를 글에서 찾아 쓰시오.

> Moving your hands closer to the antennas makes the sound
> _____ and _____.

서술형

5 제시된 철자로 시작하는 단어를 글에서 찾아 글의 제목을 완성하시오.

A M_____ I_____ Y_____ P_____
without T_____

14 Mayor Stubbs

Do you know any world-famous animals?

If you visit the small village of Talkeetna, Alaska, you can meet Mayor Stubbs. But Stubbs is not a human. He is a cat! In 1997, a woman named Lauri Stec found a box of kittens and decided to adopt one. She named him Stubbs because his tail was *stubby.

(a) When he was three months old, Stubbs became the mayor of the village. (b) Although he is not the official mayor, he is a tourist attraction. (c) Talkeetna also has a popular celebration called Winterfest. (d) Around 30 to 40 people come to see him every day. (e) Each afternoon, he goes to a local restaurant to drink water from a wineglass.

Stubbs has had trouble, too. He once fell into a food fryer. Fortunately, it was turned off, so he did not get hurt. But he should have been more careful. In 2013, Stubbs was also attacked by a dog. People from all over the world donated thousands of dollars to pay his medical bills. Stubbs recovered and continued to be the village's mayor.

*stubby 뭉툭한, 짤막한

GRAMMAR in Textbooks

11행 ▶ should have p.p.: '~했어야 했다'의 의미로 과거 일에 대한 후회나 유감을 나타낸다. '~하지 말았어야 했다'는 'should not have p.p.'로 나타낸다.

We **should have taken** that taxi. 우리는 그 택시를 탔어야 했어.

I'm tired. I **shouldn't have stayed** up too late. 피곤해. 너무 늦게까지 깨어있지 말았어야 했어.

1 **글의 주제로 가장 알맞은 것은?**

① Towns that have animal mayors
② Famous tourist attractions in Alaska
③ The life of a cat that is a village mayor
④ Why people donated money to Stubbs
⑤ Some dangers that Stubbs went through

2 **글의 (a)~(e) 중, 전체 흐름과 관계 없는 문장은?**

① (a)　　② (b)　　③ (c)　　④ (d)　　⑤ (e)

3 **Stubbs에 관한 글의 내용과 일치하지 않는 것은?**

① 알래스카 한 마을의 명예 시장이다.
② 뭉툭한 꼬리 때문에 Stubbs라고 불린다.
③ 튀김 냄비에 떨어져서 크게 다친 적이 있다.
④ 현재도 시장 직을 유지하고 있다.
⑤ 다른 나라 사람들에게도 알려져 있다.

※　서술형
4 **글의 내용과 일치하도록 다음 질문에 답하시오.**

Q: What did people do when Stubbs was attacked by a dog?
A: _____

※　서술형
5 Find the word in the passage which has the given meaning.

_____: to become healthy again after an illness or injury

15 Moving Sculptures

Most sculptures are objects that only stand still. However, some sculptures are designed to move. These are called *kinetic sculptures.

A kinetic sculpture is any sculpture with moving parts. ① Many outdoor sculptures are wind powered. ② Whenever the wind blows, some parts of the sculptures move. ③ Most of them have long metal arms that spin in the wind. ④ They create unique patterns that catch the eye. ⑤

Other sculptures use motors to move. David Cerny created a huge sculpture of writer Franz Kafka's head. The sculpture has 42 layers. Each layer can turn together or separately. The sculpture shows Kafka's head for a few seconds. Then, each layer moves in a different direction, and the face comes apart. The face then comes back.

Some sculptures work by moving your _____. Artist Dukno Yoon has made small rings called *Kinetic*. One of them has a pair of wings on a ring. When you move your hand up and down, the wings flap just like a bird's.

*kinetic 움직이는

1 kinetic sculpture에 관한 글의 내용과 일치하면 T, 그렇지 않으면 F를 쓰시오.

(1) 움직이도록 설계된 조형물이다. _____

(2) 야외에서만 볼 수 있다. _____

2 다음 문장이 들어갈 위치로 가장 알맞은 곳은?

> The sculptures by Anthony Howe are great examples.

①   ②   ③   ④   ⑤

3 밑줄 친 a huge sculpture of writer Franz Kafka's head에 관한 글의 내용과 일치하는 것은?

① It moves using wind power.
② It shows many different faces.
③ It is made up of 42 layers.
④ It never stops turning.
⑤ The layers always turn together.

※ 서술형

4 글의 빈칸에 알맞은 말을 글에서 찾아 쓰시오.

_____

※ 서술형

5 다음 빈칸에 공통으로 들어갈 단어를 글에서 찾아 쓰시오.

> · Most children can't sit _____ for a long time.
> · The book was written 100 years ago but is _____ popular today.

16 Airbnb

Q

What type of accommodations do you prefer when you travel?

In 2007, roommates Brian Chesky and Joe Gebbia could not afford to pay their rent in San Francisco. Then, they realized that they did not use the living room in their home. They discussed if they could make ⓐ it into a *bed and breakfast. (A) This was the beginning of Airbnb.

In 2008, they created a website. ⓑ It connects travelers with people 5 renting out their homes. ⓒ It works like a hotel website. You choose the city you want to visit. Then, you search for different homes to stay in. You can choose a private or shared room. You can also use an entire house.

The company has been very successful. Millions of travelers have 10 booked rooms through the site. People like the site because it is often

cheaper than staying in a hotel. ⓓ It also allows travelers to experience a place like a local.

Not everyone likes Airbnb though. Hotels dislike the site because ⓔ it hurts their business. 15 Others worry that Airbnb will lead to higher rents. Nevertheless, it has been welcomed by many travelers and homeowners around the world.

*bed and breakfast 아침 식사를 포함한 숙박 시설

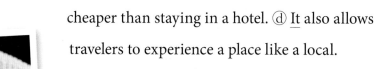

GRAMMAR in Textbooks

03행 ▶ whether/if: '~인지 (아닌지)'의 뜻으로 명사절을 이끌며, 주어로 쓰인 명사절에는 whether를 쓴다.
We discussed **whether[if]** we should go or not. 우리는 가야 할지 말아야 할지에 대해 논의했다.
Whether he will attend the meeting is important. 그가 그 회의에 참석할지 여부는 중요하다.

1 What is the passage mainly about?

① How to rent your home to travelers

② A famous travel information website

③ The most successful Internet companies

④ A website that lets people rent rooms in homes

⑤ Reasons that hotels are not as popular anymore

2 Which of the following is NOT true about Airbnb?

① It was started in San Francisco.

② It allows users to rent entire houses.

③ It can be cheaper than staying in a hotel.

④ It is only available in the United States.

⑤ Some people dislike it because it may increase rents.

3 Choose the one that indicates something different.

① ⓐ   ② ⓑ   ③ ⓒ   ④ ⓓ   ⑤ ⓔ

서술형

4 What does (A) This refer to in the passage? Write it in Korean.

_____

☑ *Summary* **Use the words in the box to fill in the blanks.**

local	dislike	cheaper	travelers

Airbnb is a website that lets people rent out their homes to _____. On the website, you can choose the city and the type of room you want. Travelers like it because it is _____ than hotels. They can also experience a place like a _____. But hotels _____ the site because it can hurt their business.

focus On Sentences › 중요 문장 다시 보기

A 다음 문장을 밑줄 친 부분에 유의하여 우리말로 해석하시오.

1 Have you ever seen a musical instrument you play <u>without touching it</u>?

_____

2 He <u>should have been</u> more careful.

_____

3 <u>Whenever</u> the wind blows, some parts of the sculptures move.

_____

4 They discussed <u>if</u> they could make it into a bed and breakfast.

_____

B 우리말과 같은 뜻이 되도록 주어진 말을 바르게 배열하시오.

1 테레민은 공상과학 영화 음악을 만들기 위해 사용되었다.

_____ for sci-fi movies.
    (used, the, music, make, to, was, theremin)

2 비록 그가 공식 시장은 아니지만 그는 관광객들의 볼거리이다.

_____, he is a tourist attraction.
    (not, mayor, he, the, although, official, is)

3 그것은 여행자들을 자신들의 집을 임대하는 사람들과 연결해준다.

_____ renting out their homes.
    (travelers, connects, people, with, it)

C 우리말과 같은 뜻이 되도록 빈칸에 알맞은 말을 쓰시오.

1 당신이 손을 위아래로 움직일 때, 그 날개들은 새의 날개처럼 퍼덕인다.

When you move your hand _____ _____ _____, the
wings flap just like a bird's.

2 그것들은 눈길을 끄는 독특한 패턴들을 만들어낸다.

They create unique patterns that _____ _____ _____.

3 Brian Chesky와 Joe Gebbia는 자신들의 집세를 낼 여유가 없었다.

Brian Chesky and Joe Gebbia could not _____
_____ their rent.

Unit 05

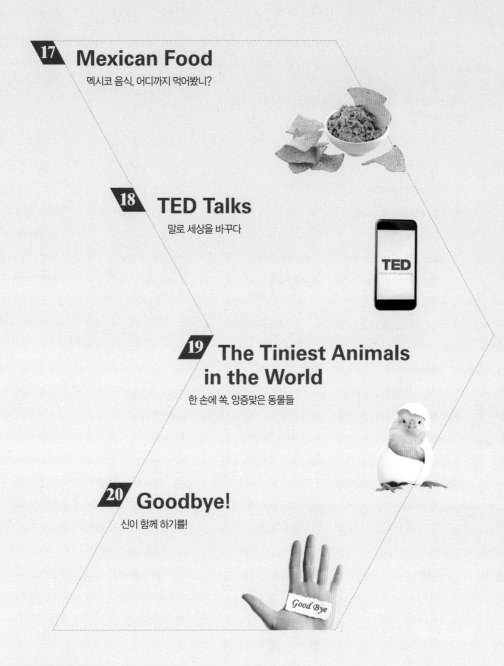

17 **Mexican Food**
멕시코 음식, 어디까지 먹어봤니?

18 **TED Talks**
말로 세상을 바꾸다

19 **The Tiniest Animals in the World**
한 손에 쏙, 앙증맞은 동물들

20 **Goodbye!**
신이 함께 하기를!

GRAMMAR in Textbooks

· 조동사의 수동태
If you want to attend TED, an application **must be filled** out.

· It is believed that ~
It is believed that the phrase came from the expressions "good morning" and "good day."

17
Mexican Food

•variety	몡 다양(성); *종류	•several	휑 몇몇의, 여럿의
•mixture	몡 혼합물	•dip	몡 (찍어먹는) 소스
•ingredient	몡 재료	•seasoned	휑 양념을 한
•main	휑 주된	•grilled	휑 구운
•dish	몡 요리	•tropical	휑 열대의
•result in	~을 낳다[야기하다]		

18
TED Talks

•talk	몡 연설, 강연	•for free	무료로
•conference	몡 회의, 회담	•with the help of	~의 도움으로
•presentation	몡 발표	•volunteer	몡 자원봉사자
•whoever	누가 ~하든	•translate	통 번역하다
•be limited to	~로 제한되다	•currently	튀 현재
•application	몡 신청(서)	•mind	몡 지성(인), 사람
•fill out	작성하다		

19
The Tiniest Animals in the World

•tiny	휑 아주 작은	•coast	몡 연안, 해안
•come in	~로 나오다[되어 있다]	•predator	몡 포식자
•dwarf	몡 난쟁이	•skeleton	몡 뼈대, 골격
•native to	~가 원산[태생]인	•bat	몡 박쥐
•adult	몡 성인, 다 자란 동물	•cave	몡 동굴
•up to	~까지	•endangered	휑 멸종 위기의
•lantern	몡 등불, 손전등	•habitat	몡 서식지

20
Goodbye!

•leave	통 떠나다	•expression	몡 표현
•phrase	몡 말, 구절	•origin	몡 기원
•modern	휑 현대의	•blessing	몡 축복
•shorten	통 짧게 하다		

영어는 우리말로, 우리말은 영어로 쓰시오. ▶단어/숙어 기본 연습

1	conference	_____	21	dwarf	_____
2	아주 작은	t_____	22	blessing	_____
3	currently	_____	23	application	_____
4	주된	m_____	24	연안, 해안	c_____
5	떠나다	l_____	25	dip	_____
6	자원봉사자	v_____	26	skeleton	_____
7	presentation	_____	27	whoever	_____
8	ingredient	_____	28	seasoned	_____
9	variety	_____	29	lantern	_____
10	기원	o_____	30	동굴	c_____
11	predator	_____	31	endangered	_____
12	phrase	_____	32	박쥐	b_____
13	번역하다	t_____	33	mixture	_____
14	표현	e_____	34	연설, 강연	t_____
15	tropical	_____	35	modern	_____
16	adult	_____	36	지성(인), 사람	m_____
17	several	_____	37	grilled	_____
18	shorten	_____	38	native to	_____
19	habitat	_____	39	up to	_____
20	요리	d_____	40	for free	_____

다음 우리말과 같도록 빈칸에 알맞은 말을 쓰시오. ▶문장 속 숙어 확인

1 The boots _____ _____ three colors. 그 부츠는 세가지 색상으로 나온다.

2 Too many cars on the road _____ _____ traffic jams.
도로에 너무 많은 차들은 교통 체증을 낳는다.

3 Could you _____ _____ this form? 이 양식을 작성해주시겠습니까?

4 The class _____ _____ _____ 30 students.
그 수업은 30명의 학생들로 제한된다.

5 I finally finished my homework _____ _____ _____
_____ my friend. 나는 내 친구의 도움으로 마침내 숙제를 마쳤다.

17 Mexican Food

Do you like
Mexican food?

Most people think Mexican food is just tacos. The truth is that Mexican food has many varieties.

Mexican food today is a mixture of local foods and foods brought by the Spanish. Traditional Mexican food used only local ingredients. Corn, beans, avocados, and chili peppers were the most common ingredients. The Spanish introduced new ingredients to Mexico. The main ones were rice, meat, and cheese. Over time, Mexicans began adding these ingredients to their food. French, Chinese, and other immigrants also brought new dishes to Mexico. This resulted in many new types of dishes.

Today, there are several types of Mexican food. Mexican street food is popular around the world. It includes food made with meat, vegetables, and cheese inside a *corn shell. Some examples are tacos, gorditas, and chalupas. Dips are another common Mexican food. One is guacamole. It is made from mashed avocados and tomatoes. There are also rice dishes. One is *arroz con pollo*. It is seasoned rice with grilled chicken on top. For dessert, there are tropical fruits such as mangoes, bananas, and pineapples to enjoy.

5

10

15

*corn shell 콘쉘 (옥수수로 만든 얇은 빵)

1 글의 제목으로 가장 알맞은 것은?

① Traditional Mexican Food
② Various Types of Mexican Food
③ Why Mexican Food Is So Popular
④ The Spanish Influence on Mexican Food
⑤ Common Ingredients in Mexican Cuisine

2 멕시코 음식에 관한 글의 내용과 일치하면 T, 그렇지 않으면 F를 쓰시오.

(1) Mexican food has been influenced by other cultures. _____

(2) Corn was ingredients brought from Spain. _____

3 각 음식과 그에 맞는 설명을 연결하시오.

(1) tacos   •   •a. a rice dish

(2) guacamole   •   •b. a dip

(3) *arroz con pollo* •   •c. Mexican street food

⁂ 서술형

4 글의 밑줄 친 these ingredients가 가리키는 내용을 글에서 찾아 쓰시오.

_____

⁂ 서술형

5 다음 빈칸에 알맞은 단어나 표현을 글에서 찾아 쓰시오.

_____ desserts include _____
such as mangoes and bananas.

Expand Your Knowledge

멕시코인의 주식,
또띠야 (*Tortilla*)

멕시코에서 빼놓을 수 없는 음식들 중 하나인 또띠야는 옥수수나 밀가루 반죽을 얇고 평평하게 구워 만든 빵을 말한다. 또띠야는 다양한 요리에 사용되는데, 또띠야를 U자 형태로 튀긴 후 그 안에 고기, 콩, 양상추, 치즈 등을 넣으면 타코(tacos)가 된다. 부리또(burrito)는 넓은 또띠야에 고기, 콩 등을 넣고 돌돌 말아낸 것이다. 엔칠라다(enchilada)는 각종 재료가 들어간 또띠야를 둥글게 말은 후 소스를 얹어 구워낸 것으로, 그 위에 치즈를 곁들이기도 한다. 속을 넣은 또띠야를 접거나 말아서 구워내는 대신 기름에 튀긴 것은 치미창가(chimichanga)라고 불린다.

18 TED Talks

What is the most impressive speech you've heard?

TED began as a conference in 1984. At first, it was just about technology, entertainment, and design. Today, it covers almost all topics. It is now one of the most popular conferences.

The TED conference happens once a year in Vancouver, Canada. The purpose of the conference is to spread ideas to change the world. A TED talk is a presentation at the TED conference. Each year, more than 50 speakers give talks on a variety of topics at this five-day conference. Some famous TED speakers include Bill Clinton, Bill Gates, and Jane Goodall. Whoever the speaker is, each talk is strictly limited to 18 minutes.

If you want to attend TED, an application must be filled out. If you are chosen, then you have to pay $8,500 to attend. Fortunately, TED talks are available online for free. With the help of volunteers, they are translated into many different languages. Currently, more than 2,300 talks are online. Thanks to TED, people all around the world can learn from the world's greatest minds.

5

10

15

GRAMMAR in Textbooks

11행 ▶ 조동사 + be + p.p.: 조동사의 수동태는 '조동사 + be + p.p.'로 나타낸다.
This vase **should be moved** carefully. 이 화병은 조심해서 옮겨져야 한다.
The project **will be finished** by tomorrow. 그 프로젝트는 내일까지 완료될 것이다.
He **may not be invited** to the party. 그는 그 파티에 초대되지 않을지도 모른다.

1 글의 주제로 가장 알맞은 것은?

① How to give a great speech
② A website that translates speeches
③ Reasons that TED talks are popular
④ A conference that shares important ideas
⑤ The speeches of Bill Clinton and Bill Gates

2 글을 읽고 TED conference에 관해 답할 수 <u>없는</u> 질문은?

① When did it begin?
② Where does it take place?
③ How often does it take place?
④ How are the speakers chosen?
⑤ How many days the conference last?

3 TED talks에 관한 글의 내용과 일치하지 <u>않는</u> 것은?

① 각 강연은 18분으로 제한된다.
② 유명 인사들이 강연자로 나오기도 한다.
③ 기술, 오락, 디자인 분야의 세 가지 주제를 다룬다.
④ 온라인에서 무료로 들을 수 있다.
⑤ 자원봉사자들에 의해 각국 언어로 번역된다.

>> 서술형
4 글의 내용과 일치하도록 다음 질문에 답하시오.

Q: What is the goal of the TED conference?
A: It is _____.

☑ *Summary* **Use the words in the box to fill in the blanks.**

talks	online	attend	different

The TED conference began in 1984. Each year, more than 50 speakers give _____ at the conference. Although TED stands for technology, entertainment, and design, it covers many _____ topics. It costs a lot to _____ the conference. However, the talks are available _____ for free. This way, people can learn from the greatest minds in the world.

19 The Tiniest Animals in the World

Q What is the smallest animal you know?

Animals come in all shapes and sizes, and some small can be really small. Here are some of the tiniest animals of different species.

(a) The dwarf monkey is one of the smallest monkeys in the world. (b) It is native to South America and is mainly found in Brazil, Colombia, and Peru. (c) Gorillas and orangutans are actually *apes, not monkeys. (d) Adults are usually 14 to 16 centimeters tall and weigh between 120 and 140 grams. (e) They can live up to 16 years. 5

Next is the dwarf lantern shark. It is just 17 centimeters long. This tiny shark lives off the coast of Colombia and Venezuela. It usually stays more than 280 meters under water. There are few predators that deep 10 under water. The shark also does not have bones. Its skeleton is made of *cartilage.

Thailand is home to the world's smallest bat. It is called the *bumblebee bat. It grows to just 4 centimeters and weighs only two grams. The bat likes living in caves near rivers in groups of up to 100. 15

_____, it is endangered because its habitat is being destroyed.

*ape 영장류
*cartilage 연골
*bumblebee bat 호박벌 박쥐

1 글의 (a)~(e) 중, 전체 흐름과 관계 <u>없는</u> 문장은?

① (a)　　　　② (b)　　　　③ (c)　　　　④ (d)　　　　⑤ (e)

2 글의 빈칸에 들어갈 말로 가장 알맞은 것은?

① Instead　　　　② Therefore　　　　③ For example

④ Unfortunately　　　　⑤ In other words

3 호박벌 박쥐에 관한 글의 내용과 일치하지 <u>않는</u> 것은?

① It lives in Thailand.

② It is smaller than a dwarf monkey.

③ It lives in a group.

④ It lives up to 100 years.

⑤ It is an endangered species of bat.

※　서술형

4 글의 내용과 일치하도록 다음 질문에 답하시오.

Q: Why is it safer for the dwarf lantern shark to live in deep water?

A: Because _____

※　서술형

5 다음 영영 뜻풀이에 해당하는 단어를 글에서 찾아 쓰시오.

_____: the natural home of a plant or an animal

20 Goodbye!

What do you usually say when someone leaves?

Whenever someone leaves, you usually say goodbye. But what makes leaving a good thing? Why do we say goodbye?

In Old English, people did not say goodbye.

5

_____, they would say, "Beo gesund." This means "be well" or "stay safe." After the 11th century, English started to change. By the 14th century, people started using a new phrase when someone left. They would usually say, "God be with ye." This means "God be with you" in modern English.

10

Around 1570, the phrase "God be with ye" began to change. (A) As time passed, the phrase was shortened even more to "Godbwy." (B) People started to use a shortened form of this phrase, "Godbwye." (C) By the end of the 16th century, the phrase changed again. People began saying, "Goodbye," just like we do today. It is believed that the phrase came from the expressions "good morning" and "good day."

15

So the next time you say "goodbye," remember that the origin of the word is in fact a blessing.

20

GRAMMAR in Textbooks

17행 ▶ It is said/believed/thought/known that ~: ~라고 한다/믿어진다/생각된다/알려져 있다

People say that he is over 100 years old.

→ **It is said that** he is over 100 years old. 그는 100살이 넘었다고 한다.

→ He **is said to** be over 100 years old.

1 Which is the best choice for the blank?

① Instead   ② In addition   ③ First of all

④ As a result   ⑤ In other words

2 Which is the best order of the sentences (A)~(C)?

① (A)-(B)-(C)   ② (A)-(C)-(B)   ③ (B)-(A)-(C)

④ (C)-(A)-(B)   ⑤ (C)-(B)-(A)

3 Which CANNOT be answered based on the passage?

① How did people say goodbye before the 11th century?

② What does "beo gesund" mean in modern English?

③ When did people start saying "goodbye"?

④ What are some other ways to say "goodbye"?

⑤ How was the phrase "God be with ye" shortened?

≫ 서술형

4 What does the underlined a new phrase refer to in the passage?

_____

≫ 서술형

5 Fill in the blanks with the words from the passage.

> "Goodbye" came from the old English phrase "God be with ye,"
> which means "_____."

focus On Sentences

A 다음 문장을 밑줄 친 부분에 유의하여 우리말로 해석하시오.

1 <u>The truth is that</u> Mexican food has many varieties.

_____

2 If you want to attend TED, an application <u>must be filled out</u>.

_____

3 Unfortunately, it is endangered because its habitat <u>is being destroyed</u>.

_____

4 <u>It is believed that</u> the phrase came from the expressions "good morning" and "good day."

_____

B 우리말과 같은 뜻이 되도록 주어진 말을 바르게 배열하시오.

1 오늘날의 멕시코 음식은 현지 음식들과 스페인 사람들이 가져온 음식들의 혼합물이다.

Mexican food today is a mixture of local foods and _____.

(Spanish, by, foods, the, brought)

2 그 회의의 목적은 세상을 바꾸는 생각들을 퍼뜨리는 것이다.

The purpose of the conference is _____.

(ideas, spread, change, to, the world, to)

3 연사가 누구든지, 각 강연은 18분으로 엄격하게 제한된다.

_____, each talk is strictly limited to 18 minutes.

(is, speaker, whoever, the)

C 우리말과 같은 뜻이 되도록 빈칸에 알맞은 말을 쓰시오.

1 이것은 많은 새로운 종류의 요리들을 낳았다.

This _____ _____ many new types of dishes.

2 자원봉사자들의 도움으로 그것들은 많은 다른 언어들로 번역된다.

_____ _____ _____ volunteers, they are translated into many different languages.

3 그들은 16년까지 살 수 있다.

They can live _____ _____ 16 years.

Unit 06

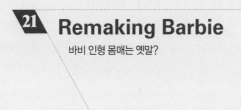

GRAMMAR in Textbooks

- 부정대명사

  One is the Inti Watana. **Another** is the Temple of the Sun. **The other** is the Room of the Three Windows.

- 소유격 관계대명사

  This has to do with a Japanese man **whose** name is Takeru Kobayashi.

21
Remaking Barbie

- market · ⑧ (상품을) 내놓다, 팔다
- billion · ⑲ 10억
- sharply · ⑼ 급격히
- reinvent · ⑧ 다시 만들다
- controversy · ⑲ 논란
- complaint · ⑲ 불평, 불만

- critic · ⑲ 비평가
- go on a diet · 다이어트를 시작하다
- lose weight · 살을 빼다
- in addition to · ~ 외에도, ~뿐 아니라
- inspire · ⑧ 영감을 주다; *고무[격려]하다
- old fashioned · ⑱ 구식의

22
The Lost City of the Incas

- emperor · ⑲ 황제
- site · ⑲ 장소, 자리
- be divided into · ~로 나누어지다
- royalty · ⑲ 왕족
- ritual · ⑲ 의식
- temple · ⑲ 사원, 절

- avoid · ⑧ 피하다
- invader · ⑲ 침략자
- end up -ing · 결국 ~하다
- in danger · 위험에 처한
- damage · ⑧ 손상시키다
- disappear · ⑧ 사라지다

23
Self-Driving Cars

- complete · ⑧ 완성하다, 끝마치다
- desert · ⑲ 사막
- by oneself · 혼자, 혼자 힘으로
- improvement · ⑲ 향상, 개선
- practical · ⑱ 현실적인, 실현 가능한
- driverless · ⑱ 운전자가 없는

- decrease · ⑧ 줄다, 줄이다
- accident · ⑲ 사고
- save · ⑧ 구하다; 절약하다
- fewer · ⑱ (수가) 더 적은
- recently · ⑼ 최근에

24
The World's Fastest Eaters

- pleasure · ⑲ 기쁨, 즐거움
- July · ⑲ 7월
- participant · ⑲ 참가자
- have to do with · ~와 관계가 있다
- double · ⑱ ~의 두 배인

- previous · ⑱ 이전의
- performance · ⑲ 실적, 성과
- network · ⑲ 방송망
- broadcast · ⑧ 방송하다
- live · ⑼ 생방송으로

A 영어는 우리말로, 우리말은 영어로 쓰시오. ▶ 단어/숙어 기본 연습

1	사막	d_____	21	controversy	_____
2	pleasure	_____	22	장소, 자리	s_____
3	reinvent	_____	23	decrease	_____
4	billion	_____	24	royalty	_____
5	save	_____	25	broadcast	_____
6	complete	_____	26	사라지다	d_____
7	inspire	_____	27	향상, 개선	i_____
8	participant	_____	28	이전의	p_____
9	critic	_____	29	손상시키다	d_____
10	practical	_____	30	driverless	_____
11	performance	_____	31	생방송으로	l_____
12	불평, 불만	c_____	32	ritual	_____
13	피하다	a_____	33	(수가) 더 적은	f_____
14	market	_____	34	사원, 절	t_____
15	~의 두 배인	d_____	35	sharply	_____
16	사고	a_____	36	old fashioned	_____
17	network	_____	37	lose weight	_____
18	emperor	_____	38	7월	J_____
19	최근에	r_____	39	in danger	_____
20	invader	_____	40	end up -ing	_____

B 다음 우리말과 같도록 빈칸에 알맞은 말을 쓰시오. ▶ 문장 속 숙어 확인

1 I decided to _____ _____ _____ _____.
나는 다이어트를 시작하기로 결심했다.

2 This book _____ _____ _____ 8 chapters.
이 책은 8장으로 나누어져 있다.

3 What does this _____ _____ _____ _____ the problem? 이것은 그 문제와 무슨 관계가 있나요?

4 They can't solve the problem _____ _____.
그들은 그 문제를 혼자 힘으로 해결할 수 없다.

5 _____ _____ _____ historical sites, Rome has many tourist attractions. 유적지 외에도, 로마에는 많은 관광 명소들이 있다.

21 Remaking Barbie

What were your favorite toys?

The Barbie doll was created in 1959. It was the first toy marketed to girls. (A) To improve sales, the company that makes Barbie is reinventing her. (B) In total, more than one billion Barbie dolls have been sold. (C) But in 2014, sales fell sharply.

Barbie has caused controversy for many years. A common complaint about her is her unrealistic body shape. Critics feel that Barbie's extremely thin body makes girls feel bad about themselves. It could make them go on diets to lose weight. Some also think Barbie teaches girls to act less smart. Once, a Barbie doll had a recorded voice that said, "Math class is tough!"

For these reasons, Barbie is being changed. Her body shape has become _____. Now Barbie is available in original, tall, small, and *curvy body types. In addition to the new body types, the dolls include many different skin tones, eye colors, and hairstyles. New Barbie dolls have many jobs, too. ⓐ This will hopefully inspire girls to follow their dreams.

Barbie was old fashioned. But with these changes, Barbie may become girls' favorite toy once again.

*curvy 굴곡 있는, 통통한

1 (A)~(C)를 글의 흐름에 알맞게 배열한 것은?

① (A)-(B)-(C)   ② (B)-(A)-(C)   ③ (B)-(C)-(A)

④ (C)-(A)-(B)   ⑤ (C)-(B)-(A)

2 글의 내용과 일치하면 T, 그렇지 않으면 F를 쓰시오.

(1) People complained that Barbie did not look like regular women. _____

(2) New Barbies teach girls to act less smart. _____

3 글의 빈칸에 들어갈 말로 가장 알맞은 것은?

① bigger   ② thinner   ③ simpler

④ more perfect   ⑤ more realistic

※ 서술형

4 다음 빈칸에 알맞은 단어나 표현을 글에서 찾아 쓰시오.

> New Barbie dolls come in four different _____
> as well as different _____, eye colors, and
> hairstyles.

※ 서술형

5 글의 밑줄 친 ⓐ This가 가리키는 내용을 우리말로 쓰시오.

_____

22 The Lost City of the Incas

What do you know about the Inca Empire?

Machu Picchu is an old city high in the mountains of Peru. It was built for the Incan emperor in the 15th century. Around 200 buildings are on the site. They are divided into an upper and lower town. Royalty lived in the upper town. Workers lived in the lower town. There are also three important structures. One is the Inti Watana. This is a stone structure used for rituals by the Incas. Another is the Temple of the Sun. The other is the Room of the Three Windows. All were built to honor the Incan sun god.

Surprisingly, the Incas only used Machu Picchu for about 100 years. ⓐ They probably left to avoid the Spanish invaders. The Spanish destroyed many Inca temples. Fortunately, ⓑ they did not end up finding the city. In 1983, Machu Picchu became a *UNESCO World Heritage Site. However, Machu Picchu is still in danger. Thousands of tourists visit the site each year and damage the buildings. If we are not careful, Machu Picchu might someday disappear.

*UNESCO World Heritage Site
유네스코 세계 문화 유산 보호지역

GRAMMAR in Textbooks

05행 ▶ 부정대명사: 불특정한 사람이나 사물을 나열하거나 지칭할 때 쓰며, one, another, the other(s), some, others 등이 있다.

There are three cups. **One** is red, **another** is green, and **the other** is blue.
I have two pets. **One** is a cat, and **the other** is a rabbit.
There were three books on the table. **One** is here. Where are **the others**?
Some people like dogs but **others** don't.

1 글의 주제로 가장 알맞은 것은?

① The ancient Inca's social classes
② Popular tourist attractions in Peru
③ A historical city of the Inca Empire
④ The Spanish invasion of the Inca Empire
⑤ UNESCO World Heritage Sites in danger

2 마추픽추에 관해 글의 내용과 일치하면 T, 그렇지 않으면 F를 쓰시오

(1) The Spanish destroyed many buildings in Machu Picchu. _____

(2) The royalty and the workers lived separately. _____

3 글을 읽고 마추픽추에 관해 답할 수 <u>없는</u> 질문은?

① When was it built?
② How many buildings does it have?
③ What is the Inti Watana?
④ When was it rediscovered?
⑤ Why is it in danger today?

※ 서술형

4 글의 밑줄 친 ⓐ와 ⓑ가 가리키는 것을 찾아 쓰시오.

ⓐ _____   ⓑ _____

※ 서술형

5 다음 빈칸에 알맞은 단어나 표현을 글에서 찾아 쓰시오.

The _____ invaded the _____
Empire, but they never discovered
_____.

23 Self-Driving Cars

What kind of cars will we be driving in 20 years?

In 2004, the U.S. government held a contest to find the best self-driving car. The cars needed to complete a course across the desert by themselves. Most of the cars had cameras and large computers. _____, none of them was able to complete the course.

Since that time, self-driving technology has improved very much. Computers have become smaller and more powerful. The *artificial intelligence controlling cars has become smarter. Because of these improvements, self-driving cars are becoming much more practical. 5

Many people want to build driverless cars for everybody. One person is Elon Musk. His company, Tesla, has developed self-driving cars. He believes self-driving cars will decrease accidents by up to 80 percent. They will save thousands of lives and millions of dollars a year. With fewer car accidents, fewer people will be injured or killed while driving. 10

Driverless cars still are not perfect. One of Google's cars recently had an accident. It hit a bus at low speed. No one was hurt. But the accident means that governments will not allow driverless cars on the road soon. 15

20

*artificial intelligence 인공 지능

1 글의 빈칸에 들어갈 말로 가장 알맞은 것은?

① However　　　② In addition　　　③ As a result

④ Fortunately　　　⑤ For example

2 자율주행차에 관한 글의 내용과 일치하면 T, 그렇지 않으면 F를 쓰시오.

(1) They have never caused any accidents. _____

(2) They are allowed on the road in some countries. _____

3 글을 통해 Elon Musk에 관해 알 수 있는 것은?

① He is negative about developing self-driving cars.

② He has no interest in developing self-driving cars.

③ He believes self-driving cars never cause accidents.

④ He thinks self-driving cars are safer than regular cars.

⑤ He thinks his company's cars are better than Google's cars.

※ 서술형

4 글의 밑줄 친 these improvements가 의미하는 내용을 우리말로 쓰시오.

_____

Summary **Use the words in the box to fill in the blanks.**

complete	accidents	improved	driverless

In 2004, the U.S. government had a contest to find the best _____ car. But none of the cars could _____ the course. Today, self-driving cars have _____ a lot. Companies like Tesla want to make driverless cars for everyone. They could reduce _____ and save thousands of lives each year.

24 The World's Fastest Eaters

Q

Have you ever entered an eating contest?

Every day, you eat food. But for some people, eating is not just a pleasure. It is a sport!

*Competitive eating, or speed eating, comes from pie eating contests at local festivals in the United States. (a) Today, many of the largest competitions are in the United States. (b) One of the most famous 5 is Nathan's Hotdog Eating Contest. (c) Hot dogs are enjoyed in many countries. (d) The contest started in 1916, and takes place every July 4th in New York. (e) Participants must eat as many hotdogs as possible in ten minutes. Other contests include the Chowdown in Koreatown. This event takes place in Chicago's Koreatown. Participants have six minutes 10 to eat the most kimchi. The current record is nearly four kilograms.

In recent years, competitive eating events have become more popular. This has to do with a Japanese man whose name is Takeru Kobayashi. In 2001, 23-year-old Kobayashi ate 50 hotdogs in the 15 Nathan's contest. ⓐ This was double the previous year's record. His performance made the event more popular. Since 2004, the sports network ESPN has broadcast the Nathan's event live. It is one of the most watched programs on the network. More than 20 one million people watch it every year.

GRAMMAR in Textbooks

*competitive eating 먹기 대회

14행 ▶ 소유격 관계대명사: 선행사와 그 뒤에 나오는 명사가 '소유'의 관계를 이룰 때 사용한다. 선행사가 사람일 경우 뿐만 아니라 동물, 사물일 때도 whose를 사용한다.

I have <u>a friend</u> **whose** <u>father is an actor</u>. 나는 아버지가 배우인 친구가 있다.

(I have <u>a friend</u>. + <u>Her</u> father is an actor.)

There is <u>a house</u> **whose** <u>windows are very big</u>. 창문들이 아주 큰 집이 있다.

(There is <u>a house</u>. + <u>Its</u> windows are very big.)

1   What is the passage mainly about?

① Record holders in various events

② Competitions to eat food quickly

③ Countries that have unique contests

④ A famous competitive eater from Japan

⑤ The popularity of Nathan's Hotdog Eating Contest

2   Which sentence does NOT fit in the passage?

① (a)   ② (b)   ③ (c)   ④ (d)   ⑤ (e)

3   Which CANNOT be answered about Nathan's Hotdog Eating Contest?

① When did it start?

② Where does it take place?

③ What must participants do in the contest?

④ Who was the winner in 2001?

⑤ What is the prize for winning the contest?

※   서술형
4   What does the underlined ⓐ This mean in the passage? Write it in English.

_____

※   서술형
5   Fill in the blanks with the words from the passage.

> At the _____ in Chicago's Koreatown, the participant
> who eats the most _____ in _____ minutes is
> the winner.

focus On Sentences

A 다음 문장을 밑줄 친 부분에 유의하여 우리말로 해석하시오.

1 In total, more than one billion Barbie dolls <u>have been sold</u>.

_____

2 The artificial intelligence <u>controlling cars</u> has become smarter.

_____

3 Participants must eat <u>as many hotdogs as possible</u> in ten minutes.

_____

4 This has to do with a Japanese man <u>whose name is Takeru Kobayashi</u>.

_____

B 우리말과 같은 뜻이 되도록 주어진 말을 바르게 배열하시오.

1 바비는 여자 아이들에게 덜 영리한 것처럼 행동하도록 가르친다.

Barbie _____.

                              (girls, act, teaches, less, to, smart)

2 새로운 체형들 외에도, 그 인형들은 여러 다양한 피부색을 가지고 있다.

_____, the dolls include many different skin tones.

    (in, types, to, new, the, addition, body)

3 다행히도, 그들은 그 도시를 결국 찾지 못했다.

Fortunately, they _____.

                (finding, not, end, the, did, city, up)

C 우리말과 같은 뜻이 되도록 빈칸에 알맞은 말을 쓰시오.

1 그것은 그들이 살을 빼기 위해 다이어트를 하게 만들 수 있다.

It could make them _____ _____ _____ to lose weight.

2 그것들은 상부와 하부 마을로 나누어진다.

They _____ _____ _____ an upper and lower town.

3 그 차들은 사막을 횡단하는 코스를 혼자 힘으로 완주해야 했다.

The cars needed to complete a course across the desert _____

_____.

Unit **07**

25 Jesse Owens

편견과 차별을 이겨낸 올림픽 영웅

26 Cultured Meat

실험실에서 고기가 난다?

27 The Eco Soap Bank

버려진 비누 조각의 변신

28 The Ig Nobel Prize

괴짜들에게 주는 상, 이그노벨상

GRAMMAR in Textbooks

· It seems that ~

It seems that we still need cows to have beef for now.

· either A or B

The awards can be **either** criticism **or** praise for silly-sounding but useful experiments.

25
Jesse Owens

- tie · 통 동점을 이루다
- break[beat] a record · 기록을 깨다
- in spite of · ~에도 불구하고
- face · 명 얼굴; 통 *직면하다
- racial · 형 인종의

- discrimination · 명 차별
- scholarship · 명 장학금
- be allowed to-v · ~하는 것이 허용되다
- dorm · 명 기숙사 (= dormitory)
- annoy · 통 화[짜증]나게 하다
- argue · 통 주장하다

26
Cultured Meat

- raise · 통 키우다, 기르다
- laboratory · 명 실험실
- tissue · 명 (세포들로 이뤄진) 조직
- muscle · 명 근육
- extract · 통 추출하다, 얻다
- fiber · 명 섬유, 섬유질
- methane · 명 메탄

- global warming · 지구 온난화
- require · 통 필요로 하다
- emission · 명 배출
- be able to-v · ~할 수 있다
- fat · 명 지방
- for now · 당분간은, 현재로서는

27
The Eco Soap Bank

- treatable · 형 치료 가능한
- disease · 명 병, 질병
- detergent · 명 세제
- chemicals · 명 화학 물질
- supply · 통 공급하다
- eventually · 부 결국, 마침내

- come up with · ~을 생각해내다[떠올리다]
- tourist destination · 관광지
- used · 형 헌, 중고의
- recycle · 통 재활용하다
- orphanage · 명 고아원
- resource · 명 자원

28
The Ig Nobel Prize

- physics · 명 물리학
- chemistry · 명 화학
- literature · 명 문학
- engineering · 명 공학
- biology · 명 생물학
- award · 명 상
- criticism · 명 비판
- praise · 명 칭찬

- experiment · 명 실험
- mosquito · 명 모기
- certain · 형 어떤, 특정한
- attract · 통 끌어들이다
- deadly · 형 치명적인
- float · 통 뜨다
- magnet · 명 자석

영어는 우리말로, 우리말은 영어로 쓰시오. ▶ 단어/숙어 기본 연습

1 praise	_____	21 생물학	b _____
2 experiment	_____	22 화학 물질	c _____
3 mosquito	_____	23 face	_____
4 racial	_____	24 treatable	_____
5 supply	_____	25 헌, 중고의	u _____
6 자원	r _____	26 emission	_____
7 disease	_____	27 재활용하다	r _____
8 discrimination	_____	28 argue	_____
9 deadly	_____	29 eventually	_____
10 뜨다	f _____	30 criticism	_____
11 동점을 이루다	t _____	31 chemistry	_____
12 끌어들이다	a _____	32 자석	m _____
13 근육	m _____	33 extract	_____
14 annoy	_____	34 지방	f _____
15 키우다, 기르다	r _____	35 literature	_____
16 award	_____	36 어떤, 특정한	c _____
17 orphanage	_____	37 detergent	_____
18 물리학	p _____	38 laboratory	_____
19 dorm	_____	39 장학금	s _____
20 require	_____	40 engineering	_____

다음 우리말과 같도록 빈칸에 알맞은 말을 쓰시오. ▶ 문장 속 숙어 확인

1 Visitors _____ _____ _____ bring their own food.
방문객들은 자신의 음식을 가져오는 것이 허용된다.

2 We decided to stay here _____ _____. 우리는 당분간은 여기서 지내기로 했다.

3 How did you _____ _____ _____ that idea?
어떻게 그런 생각이 떠올랐어?

4 Will you _____ _____ _____ come to Jane's birthday

party? Jane의 생일 파티에 올 수 있니?

5 My grandfather is still very active _____ _____ _____

his age. 나의 할아버지는 고령에도 불구하고 여전히 매우 활동적이다.

25 Jesse Owens

Is racism a
problem in
your country?

Jesse Owens was an African-American Olympic runner. Today, he is considered one of the greatest athletes ever. He was very successful even though he _____.

Owens got interested in running in junior high school. He had to work part-time jobs to help his family. So his coach let him practice before school. In high school, Jesse was already a world-class athlete. At the 1933 National High School Championship in Chicago, he tied the world record of 9.4 seconds in the 100-yard dash. 5

At Ohio State University, Jesse continued to break records. ① He won eight events in the *NCAA championships. ② No one has beaten this record. ③ At another competition in 1935, he broke three world records and tied a fourth in less than an hour. ④ He did not receive any scholarships. ⑤ He was not even allowed to live in the dorms on campus. 10

During the 1936 Berlin Olympics, Owens won four gold medals. 15 Some people think that Owens's success annoyed Adolf Hitler. Hitler argued that the German race was the best. But Jesse Owens showed that Hitler was wrong. 20

*NCAA championships 전미대학선수권 대회

1 글의 빈칸에 들어갈 말로 가장 알맞은 것은?

① failed at times
② had many difficulties
③ never finished college
④ had a terrible accident
⑤ was not in good health

2 Jesse Owens에 관한 글의 내용과 일치하지 <u>않는</u> 것은?

① He would practice running before school.
② He made a new world record in high school.
③ He did not get any scholarships at university.
④ His record at the NCAA championships is unbeaten.
⑤ He won four gold medals at the 1936 Olympics.

3 다음 문장이 들어갈 위치로 가장 알맞은 곳은?

> In spite of his great talent, Owens faced racial discrimination.

①   ②   ③   ④   ⑤

※ 서술형
4 글의 내용과 일치하도록 다음 질문에 답하시오.

Q: Why did some people think that Owens's success annoy Hitler?
A: Because Hitler argued that _____

※ 서술형
5 다음 영영 뜻풀이에 해당하는 단어를 글에서 찾아 쓰시오.

_____ : to finish a game with an equal number of points

26 Cultured Meat

What will we be eating in the future?

Can we have beef without raising cows? These days, scientists are working to make meat to replace meat from animals.

*Cultured meat is meat grown in a laboratory. It is made by taking tissues from an animal's muscle. Next, *stem cells are extracted from the tissues. These muscle cells are then grown into new muscle fibers. Just one muscle cell can make millions of muscle fibers. To make one hamburger, scientists used 20,000 of these fibers.

It takes a lot of energy and land to raise cows. The methane gas produced by cows also causes global warming. _____, cultured meat requires only half the energy and 99 percent less land to produce. It can also reduce greenhouse gas emissions by up to 96 percent.

Nevertheless, you will not be able to get laboratory meat anytime soon. The first cultured meat hamburger cost $330,000 to make. In addition, the meat did not have any fat, so it did not taste good. It seems that we still need cows to have beef for now.

5

10

15

*cultured meat 배양육
*stem cell 줄기세포

GRAMMAR in Textbooks

14행 ▶ It seems that ~: ~인 것 같다, ~처럼 보인다

It seems that Tim knows the answer. Tim은 그 답을 알고 있는 것 같다.

→ Tim **seems to** know the answer.

It seems that the children are hungry. 그 아이들은 배가 고픈 것 같다.

→ The children **seem to** be hungry.

1 글의 주제로 가장 알맞은 것은?

① Various kinds of meat in the future

② The health benefits of cultured meat

③ Why cows are bad for the environment

④ Foods that are made from cultured meat

⑤ The advantages and disadvantages of cultured meat

2 글을 통해 배양육에 관해 알 수 있는 것이 <u>아닌</u> 것은?

① 동물 줄기세포를 배양해서 만든다.

② 땅이 거의 필요하지 않다.

③ 온실 가스 배출량을 줄일 수 있다.

④ 일반 육류보다 영양소가 더 풍부하다.

⑤ 아직은 상업적으로 판매되고 있지 않다.

3 글의 빈칸에 들어갈 말로 가장 알맞은 것은?

① In addition   ② As a result   ③ For example

④ In other words   ⑤ On the other hand

❋ 서술형

4 다음 영영 뜻풀이에 해당하는 단어를 글에서 찾아 쓰시오.

_____ : to remove something by pulling or cutting it out

❋ 서술형

5 다음 질문에 우리말로 답하시오.

Q: What were the problems of the first cultured meat hamburger?

A: _____

UNIT **07** | 87

27 The Eco Soap Bank

How can we help
children in poor
countries?

(A) In Cambodia, about 75 percent of people cannot afford soap. (B) But thanks to an American college student, this is changing. (C) As a result, many of them get easily treatable diseases and viruses.

Samir Lakhani was volunteering in Cambodia. He saw a mother washing her child with laundry detergent. Detergent has dangerous chemicals and harms the skin. Samir wanted to find a way _____.

Eventually, Samir came up with an idea. He realized that there are many hotels in a nearby tourist destination. He could collect used bars of soap from the hotels. He could recycle these old bars of soap and give them to poor Cambodians. So he raised money online to create the Eco Soap Bank.

Workers at the soap bank first cut the soap into small pieces. Next, ⓐ they *sanitize the pieces. Finally, they turn them into new bars of soap. The soap is then given to hospitals, schools, and orphanages. Millions of bars of soap are thrown away every day, but in Cambodia ⓑ they are turning into a useful resource.

*sanitize 살균하다

1 글의 제목으로 가장 알맞은 것은?

① The Importance of Recycling

② How to Make Homemade Soap

③ Why We Should Wash Our Hands

④ Saving Cambodian Lives with Recycled Soap

⑤ How Cambodians Solve Their Trash Problem

2 (A)~(C)를 글의 흐름에 알맞게 배열한 것은?

① (A)-(B)-(C)　　　② (A)-(C)-(B)　　　③ (B)-(A)-(C)

④ (B)-(C)-(A)　　　⑤ (C)-(B)-(A)

3 글의 빈칸에 들어갈 말로 가장 알맞은 것은?

① to work at a hotel in Cambodia

② to keep volunteering in Cambodia

③ to supply soap to people in Cambodia

④ to become a doctor to help poor people

⑤ to help Cambodian children get educated

※ 서술형

4 글의 내용과 일치하도록 다음 질문에 답하시오.

Q: Where did Samir collect used bars of soap?

A: He collected them from _____

_____.

※ 서술형

5 글의 밑줄 친 ⓐ와 ⓑ가 가리키는 것을 찾아 쓰시오.

ⓐ _____　　ⓑ _____

> **Expand Your Knowledge**
>
> 업사이클링
> (*Upcycling*)
>
> 버려지는 물건을 단순히 재사용하는 리사이클링(recycling)과는 달리, 디자인을 가미하는 등 물건에 가치를 더해 새로운 제품으로 재탄생 시키는 것을 업사이클링이라고 한다. 최근에는 업사이클링을 이용한 제품들이 많다. 일본에서는 수명이 다된 텐트용 직물로 부식되지 않는 서류 봉투를 만들고, 스위스의 프라이탁(freitag) 가방 회사는 버려진 방수포로 가방을 만들어 세계적인 브랜드가 되었다. 우리나라에서도 업사이클 트렌드 스토어가 생기는 등 업사이클링 제품에 대한 관심이 점점 높아지고 있으며, 기업들도 다양한 디자인과 제품 가치를 통해 소비자들의 인식을 전환할 수 있도록 노력 중이다.

28 The Ig Nobel Prize

Q What do you know about the Nobel Prize?

The Ig Nobel Prize is a humorous version of the Nobel Prize. It started in 1991. There are ten different prizes each year. Some of them are the same categories as the Nobel Prizes. They include physics, chemistry, and literature. But prizes are also given in other categories, such as public health, engineering, and biology.

The awards can be either criticism or praise for silly-sounding but useful experiments. ① For example, the states of Kansas and Colorado won Ig Nobel awards in "science education." ② This was a criticism for not teaching *the theory of evolution. ③ But in another case, a winner found that mosquitoes like certain cheese and the smell of the human feet. ④ But the cheese was used to attract mosquitoes that carry deadly malaria in Africa. ⑤

Some Ig Nobel winners have also won the Nobel Prize. One is Dr. Andre Geim. He won an Ig Nobel award in 2000 for making a frog float in the air by using magnets. Ten years later, he won the actual Nobel Prize in physics.

*the theory of evolution 진화론

GRAMMAR in Textbooks

10행 ▶ either A or B: A 또는 B

neither A nor B: A도 B도 아닌

You can use **either** this computer **or** the other one. 당신은 이 컴퓨터나 다른 컴퓨터를 쓸 수 있다.

Amy eats **neither** chicken **nor** fish. Amy는 닭고기도 생선도 먹지 않는다.

1   Which CANNOT be answered based on the passage?

① When did the Ig Nobel Prize start?

② How many Ig Nobel prizes are given each year?

③ Who created the Ig Nobel prizes?

④ Who is one of the Ig Nobel prize winners?

⑤ What are some studies that won the Ig Nobel prizes?

2   What can be inferred about the Ig Nobel Prize?

① It started before the Nobel Prize.

② It is usually given as criticism.

③ Its winners are not real scientists.

④ Most of its winners study physics.

⑤ It shows that even silly research can be useful.

3   Where would the following sentence best fit?

This may sound like a silly discovery.

①   ②   ③   ④   ⑤

4   Why did the states of Kansas and Colorado win the Ig Nobel awards?

Because they _____

Summary   **Use the words in the box to fill in the blanks.**

attract	criticism	cheese	evolution

The Ig Nobel Prize is a parody of the Nobel Prize. The awards can be _____
or praise for funny but useful research. For instance, Kansas and Colorado got Ig
Nobel Prizes for not teaching the theory of _____. A different winner found
that mosquitoes like the smell of certain _____. His discovery was used to
_____ harmful mosquitoes in Africa.

focus On Sentences › 중요 문장 다시 보기

A   다음 문장을 밑줄 친 부분에 유의하여 우리말로 해석하시오.

1   He was very successful <u>even though</u> he had many difficulties.

_____

2   <u>It takes a lot of energy and land to raise</u> cows.

_____

3   <u>It seems that</u> we still need cows to have beef for now.

_____

4   The awards can be <u>either</u> criticism <u>or</u> praise for silly-sounding but useful experiments.

_____

B   우리말과 같은 뜻이 되도록 주어진 말을 바르게 배열하시오.

1   그의 코치는 그를 학교가 시작하기 전에 연습을 하게 했다.

His coach _____.
(him, before, let, practice, school)

2   그는 한 어머니가 자식을 세탁용 세제로 씻기고 있는 것을 보았다.

He _____ with laundry detergent.
(mother, saw, her, a, child, washing)

3   마지막으로, 그들은 그것들을 새로운 비누로 바꾼다.

Finally, they _____.
(new, into, soap, them, bars, turn, of)

C   우리말과 같은 뜻이 되도록 빈칸에 알맞은 말을 쓰시오.

1   그의 훌륭한 재능에도 불구하고, Owens는 인종차별에 직면했다.

_____ _____ _____ his great talent, Owens faced racial discrimination.

2   그는 교내 기숙사에 사는 것이 허용되지 않았다.

He _____ _____ _____ _____ live in the dorms on campus.

3   그럼에도 불구하고, 당신은 실험실 고기를 가까운 시일 안에 구할 수 없을 것이다.

Nevertheless, you _____ _____ _____ get laboratory meat anytime soon.

Unit 08

GRAMMAR in Textbooks

- 가정법 과거
If plants **didn't have** such defenses, they **would not survive** very long.

- I wish+가정법 과거
I wish I **could** eat at ATMosfera every day.

Unit 08
Words & Phrases ❯ 중요 단어/숙어 미리 보기

29
Information Overload

• overload	몡 과다, 과부하	• unlimited	혱 무제한의
• have access to	~에 접근할 수 있다, ~을 이용할 수 있다	• expert	몡 전문가
		• suggest	동 제안하다
• gain	동 얻다	• task	몡 일, 과업
• knowledge	몡 지식	• recommend	동 추천하다, 권하다
• distracting	혱 집중을 방해하는	• for a while	잠시 동안
• cause	몡 원인; 동 야기하다		
• perhaps	뷔 아마도		

30
Plants That Protect Themselves

• clever	혱 영리한	• poisonous	혱 독성이 있는
• protect A from B	A를 B로부터 보호하다	• root	몡 뿌리
• cactus	몡 선인장 (*pl.* cacti)	• release	동 방출하다
• stop[prevent] A from -ing	A가 ~하지 못하게 하다	• sickness	몡 병; *메스꺼움
		• vomiting	몡 구토
• physical	혱 신체적인	• survive	동 살아남다
• substance	몡 물질		

31
Stan Lee

• creator	몡 창조자, 만든 사람	• thrilled	혱 짜릿한, 매우 기쁜
• influential	혱 영향력 있는	• jealous	혱 질투[시기]하는
• industry	몡 산업	• immediately	뷔 즉시
• come true	이루어지다	• give a speech	연설하다
• career	몡 직업, 경력	• spot	동 발견하다, 찾다
• editor	몡 편집자		

32
A Trip to Europe

• experience	몡 경험	• receiver	몡 받는 사람
• past	전 ~을 지나서	• castle	몡 성
• be tired of	~에 싫증나다	• detailed	혱 상세한
• regular	혱 보통의, 일반적인	• free	혱 자유로운; 무료의
• alternative	몡 대안	• exchange	동 교환하다

영어는 우리말로, 우리말은 영어로 쓰시오. ▶ 단어/숙어 기본 연습

1	지식	k_____	21	recommend	_____
2	영리한	c_____	22	spot	_____
3	influential	_____	23	jealous	_____
4	distracting	_____	24	~을 지나서	p_____
5	physical	_____	25	substance	_____
6	overload	_____	26	detailed	_____
7	일, 과업	t_____	27	산업	i_____
8	expert	_____	28	교환하다	e_____
9	경험	e_____	29	cause	_____
10	poisonous	_____	30	직업, 경력	c_____
11	뿌리	r_____	31	free	_____
12	unlimited	_____	32	perhaps	_____
13	release	_____	33	editor	_____
14	sickness	_____	34	성	c_____
15	immediately	_____	35	creator	_____
16	gain	_____	36	alternative	_____
17	thrilled	_____	37	선인장	c_____
18	살아남다	s_____	38	제안하다	s_____
19	vomiting	_____	39	받는 사람	r_____
20	regular	_____	40	for a while	_____

다음 우리말과 같도록 빈칸에 알맞은 말을 쓰시오. ▶ 문장 속 숙어 확인

1 Tom is going to _____ _____ _____ at the college.
   Tom은 그 대학에서 연설을 할 것이다.

2 I hope your dream _____ _____. 네 꿈이 이루어지길 바라.

3 Many people still don't _____ _____ _____ the
   Internet. 많은 사람들이 아직도 인터넷에 접근할 수 없다.

4 How do plants _____ themselves _____ predators?
   식물들은 어떻게 스스로를 포식자로부터 보호하는가?

5 I _____ _____ _____ doing the same thing.
   나는 같은 일을 하는 것에 싫증난다.

29 Information Overload

What is
information
overload?

These days, there is lots of information around us. Having access to information is important for gaining knowledge. But having too much information can be distracting.

Information overload has many causes. Perhaps the main one is the Internet. (A) Many websites allow us to find almost unlimited amounts of information. (B) So people cannot know which information is useful and which is harmful. (C) These websites give us more information than we really need. Social media sites are also a problem. ⓐ They make people lose focus on their work.

Fortunately, we can solve the problem of information overload. Experts suggest making lists of our tasks each day. This way, we can decide which tasks are important and do them first. ⓑ They also recommend not spending too much time using email or social media sites. Reading these websites can waste a lot of time. If nothing else works, just turn off the Internet for a while. Then, you can focus on your own ideas.

Information overload is a real problem. However, if we work hard, we can overcome it.

1   글의 주제로 가장 알맞은 것은?

① Why people should not use social media
② The types of information available today
③ Tips for spending less time on the Internet
④ The best websites for looking up information
⑤ Causes and solutions of information overload

2   (A)~(C)를 글의 흐름에 알맞게 배열한 것은?

① (A)-(B)-(C)　　　　② (A)-(C)-(B)　　　　③ (B)-(A)-(C)
④ (B)-(C)-(A)　　　　⑤ (C)-(B)-(A)

3   글에서 정보 과다의 원인으로 언급된 것을 <u>모두</u> 고르시오.

① TV　　　　　　　② 인터넷　　　　　　③ 광고
④ 이메일　　　　　　⑤ 소셜미디어

※ 서술형
4   글의 밑줄 친 ⓐ와 ⓑ가 가리키는 것을 찾아 쓰시오.

ⓐ _____　ⓑ _____

※ 서술형
5   다음 빈칸에 알맞은 단어를 글에서 찾아 쓰시오.

> If we make lists of our _____ each day, we can decide
> which ones are the most _____.

30 Plants That Protect Themselves

How can plants protect themselves?

You may think that animals can eat any plants they want to. But many plants have clever ways to protect themselves from predators.

The most common way plants protect themselves is by using their _____. Perhaps the most famous example of this is the cactus. 5 Cacti are covered in sharp needles. Similarly, some plants grow leaves that have needles. ⓐ They stop goats and other such animals from eating the plants. Another type of physical *defense is wax. Wax is the shiny substance seen on many plant leaves. The wax prevents animals from eating the plants. 10

Plants can also use chemical defenses. These chemicals can produce strong smells that predators dislike. One example is the mint

plant. Other plants have chemicals that make them taste bad. In other cases, the chemicals are poisonous. The *cassava root releases a powerful poison. When predators 15 eat it, it causes sickness, vomiting, and even death.

So even though plants cannot move, it doesn't mean they are helpless. If plants didn't have such defenses, they would not survive very long.

*defense 방어
*cassava (열대 지방의) 카사바 나무

GRAMMAR in Textbooks

18행 ▶ 가정법 과거: 현재의 사실과 반대되는 내용을 가정할 때는 'if + 주어 + 과거형 동사, 주어 + 조동사 과거형 + 동사원형'으로 나타내고 '만약 ~라면, …일 것이다'로 해석한다.

If I **were** rich, I **could buy** that car. 내가 부자라면, 그 차를 살 수 있을 것이다.
(= As I am not rich, I cannot buy that car.)
If he **had** time, he **would join** us. 그에게 시간이 있다면, 우리와 함께 갈 것이다.
(= As he doesn't have time, he will not join us.)

1 글의 빈칸에 들어갈 말로 가장 알맞은 것은?

① fruits   ② smells   ③ roots

④ bodies   ⑤ poisons

2 식물의 방어 수단에 관한 글의 내용과 일치하면 T, 그렇지 않으면 F를 쓰시오.

(1) Wax tricks animals into eating the plants   _____

(2) Some poisons can cause predators to die.   _____

3 How does the mint plant protect itself?

① It tastes bad.

② It has wax on its leaves.

③ It produces a strong smell.

④ It releases a powerful poison.

⑤ Its body is covered in needles.

※ 서술형

4 글의 밑줄 친 ⓐ They가 가리키는 것을 찾아 쓰시오.

_____

※ 서술형

5 글의 내용과 일치하도록 다음 질문에 답하시오.

Q: What plant releases chemicals that cause sickness and vomiting?

A: It is _____.

31 Stan Lee

You probably know Spider-Man, Iron Man, and the X-Men. But do you know Stan Lee? He is the creator of all these characters. He is also one of the most influential people in the comic book industry.

As a boy, Stan Lee wanted to be _____. His dream came true when he was 19 years old. He wrote a *Captain America* comic. Lee wrote other comic books and short stories. By the end of the 1950s, Lee became bored with comic book writing. He considered changing careers.

Around this time, Lee's editor asked him to create his own new superheroes. Lee was thrilled by the opportunity. Earlier superheroes were perfect people with no problems. Lee's characters would get mad, jealous, and even ill. His first new characters were the Fantastic Four, and they were immediately popular.

Lee continued creating new characters until 1972. Today, Lee is the face of Marvel. He visits fan meetings and gives speeches at colleges. He also makes cameos in Marvel movies! The next time you watch a Marvel film, try to spot Stan Lee.

1 글의 주제로 가장 알맞은 것은?

① The best comics by Stan Lee
② Marvel superheroes of the past
③ How comic books have changed
④ An influential comic book creator
⑤ The most popular superhero movies

2 글의 빈칸에 들어갈 말로 가장 알맞은 것은?

① a hero   ② a writer   ③ an artist
④ an actor   ⑤ a director

3 글에 따르면, Stan Lee가 만든 영웅들과 기존 영웅들과의 차이점은?

① They only appeared in movies.
② They have not been in any movies.
③ They were not very popular at first.
④ They did not have any special powers.
⑤ They had problems like normal people.

※ 서술형

4 다음 영영 뜻풀이에 해당하는 단어를 글에서 찾아 쓰시오.

_____ : to notice someone or something

☑ *Summary* **Use the words in the box to fill in the blanks.**

comic	perfect	cameos	superheroes

Stan Lee has created some of the most famous _____ characters ever.
His first job in the industry was writing a *Captain America* comic. When he got bored
with writing comics, he was asked to make new _____. Lee's heroes were
not _____ people but became popular right away. These days, Lee is the
face of Marvel. He meets with fans and makes _____ in Marvel films.

32 A Trip to Europe

Do you pay attention to new trends?

I went to Europe this summer. I was able to experience a lot of new trends while I was there. Let me tell you about them.

If you want a unique dinner experience, then you must visit Milan, Italy. (a) There, you can go to ATMosfera. (b) This is a restaurant on a *tram. (c) The restaurant serves traditional Italian food while traveling past many historic sites. (d) I had a delicious meal while seeing the beautiful city of Milan. (e) The most popular city for tourists in Italy is Rome. I wish I could eat at ATMosfera every day.

If you are tired of giving regular gifts to family and friends, there is an alternative. In several countries in Europe, you can choose a Smartbox. This is a kind of coupon that lets the receiver have interesting experiences. ⓐ These include staying in a castle, driving a sports car, and eating at a fancy restaurant. The box has pictures and a detailed guide inside. _____, it is free and easy to exchange if you don't like the experience. My friend gave me a Smartbox to go skydiving. It was the best gift I've ever gotten!

*tram 트램, 전차

1　What is the purpose of the passage?

① To review a restaurant

② To advertise a new product

③ To find employees for a new business

④ To introduce two current trends in Europe

⑤ To recommend the best presents to give friends

2　Which sentence does NOT fit in the passage?

① (a)　　　② (b)　　　③ (c)　　　④ (d)　　　⑤ (e)

3　Which is the best choice for the blank?

① Instead　　　② Therefore　　　③ In addition

④ For example　　　⑤ Unfortunately

서술형

4　What does the underlined ⓐ These mean in the passage? Write it in English.

＿＿＿＿＿＿＿＿＿＿＿＿＿＿＿＿＿＿＿＿＿

서술형

5　Find the word in the passage which has the given meaning.

＿＿＿＿＿＿＿＿＿＿＿＿＿ : to replace one thing with another

focus On Sentences › 중요 문장 다시 보기

A 다음 문장을 밑줄 친 부분에 유의하여 우리말로 해석하시오.

1 They also recommend <u>not spending too much time using</u> email.

_____

2 They <u>stop</u> goats and other such animals <u>from eating</u> the plants.

_____

3 If plants <u>didn't have</u> such defenses, they <u>would not</u> survive long.

_____

4 <u>I wish I could eat</u> at ATMosfera every day.

_____

B 우리말과 같은 뜻이 되도록 주어진 말을 바르게 배열하시오.

1 이런 식으로 우리는 어떤 일들이 중요한지 결정할 수 있다.

This way, we can decide _____.
(important, tasks, which, are)

2 많은 식물들은 포식자들로부터 스스로를 보호하는 영리한 방법들을 갖고 있다.

Many plants have clever ways to _____.
(themselves, predators, protect, from)

3 Lee의 편집자는 그에게 새로운 슈퍼영웅들을 직접 만들어달라고 요청했다.

Lee's editor _____.
(him, to, create, own, his, asked, superheroes, new)

C 우리말과 같은 뜻이 되도록 빈칸에 알맞은 말을 쓰시오.

1 정보에 접근할 수 있는 것은 지식을 얻기 위해 중요하다.

_____ _____ _____ information is important for

gaining knowledge.

2 그의 꿈은 그가 열 아홉 살이었을 때 실현되었다.

His dream _____ _____ when he was 19 years old.

3 가족과 친구들에게 일반적인 선물을 주는 것에 싫증났다면 대안이 있다.

If you _____ _____ _____ giving regular gifts to family

and friends, there is an alternative.

내신공략! 독해공략!

내공
중학영어독해

실력**1**

정답 및 해설

 DARAKWON

Words & Phrases

A

1 death	**2** 극도로, 매우	**3** 가까운	**4** 치료하다	**5** official	**6** traditional
7 recipe	**8** march	**9** 영향을 주다	**10** ~부터[이래로]		**11** 건설하다
12 retire	**13** weigh	**14** 운동선수	**15** introduce	**16** advice	**17** 다르다
18 참석하다	**19** 존경하다, 기리다		**20** 자선 단체	**21** custom	**22** structure
23 식민지	**24** 식민지 개척자		**25** 청동; 동메달	**26** development	
27 ~을 포함하여		**28** 골조, 뼈대	**29** 양배추	**30** brick	**31** 수도사, 수도승
32 수녀	**33** 남은	**34** 기독교	**35** yolk	**36** 고층 건물	**37** 껍데기, 껍질
38 대성당	**39** ~에 출전하다		**40** ~로 가득 차다		

B

1 So far   **2** take place   **3** as well as   **4** set a record   **5** was diagnosed with

01 St. Patrick's Day

> **정답**   **1** ⑤   **2** ⑤   **3** ③   **4** Shamrocks   **5** custom

지문 해석   성 패트릭의 날은 아일랜드의 성 패트릭을 기리는 축제이다. 그것은 대개 성 패트릭의 사망일인 3월 17일에 기념된다. 그것은 1903년에 아일랜드에서 법정 공휴일이 되었다. 오늘날, 성 패트릭의 날은 전 세계의 많은 사람들에 의해 기념된다.

전통적으로 아일랜드 사람들은 교회에 참석함으로써 성 패트릭의 날을 기념했다. 그들은 또한 춤을 추고 아일랜드 베이컨과 양배추로 구성된 전통 식사를 하곤 했다. 또 다른 관습은 초록색으로 된 것을 입거나 토끼풀을 다는 것이다. 토끼풀은 세 개의 잎이 달린 작은 식물이다. 성 패트릭은 아일랜드 사람들에게 기독교를 설명하기 위해 그것들을 사용했다.

성 패트릭의 날 퍼레이드는 18세기에 인기를 얻게 되었다. (B) 놀랍게도 최초의 퍼레이드는 아일랜드가 아닌 미국에서 개최되었다. (A) 최초의 성 패트릭의 날 퍼레이드는 1762년에 뉴욕 시에서 개최되었다. (C) 이 도시의 퍼레이드는 세계에서 가장 큰 성 패트릭의 날 퍼레이드이기도 하다. 매년 15만 명 이상의 사람들이 퍼레이드에서 행진한다. 200만 명 이상의 사람들이 여섯 시간 동안 진행되는 퍼레이드를 보기 위해 밖으로 나온다.

문제 해설   **1** 성 패트릭의 날을 기념해 사람들이 하는 일들을 설명하고 있으므로 ⑤ '사람들이 어떻게 성 패트릭의 날을 기념하는가'가 가장 알맞다.

     ① 성 패트릭의 삶   ② 성 패트릭의 날이 인기 있는 이유

     ③ 아일랜드에서 유래된 전통 휴일들   ④ 전 세계의 유명 휴일들

2 오늘날 성 패트릭의 날은 전세계의 많은 사람들에 의해 기념된다고 했다. (6~7행)

3 첫 번째 퍼레이드가 아일랜드가 아닌 곳에서 개최되었다는 내용을 언급하고(B), 그 곳이 어디였는지가 나온 뒤(A), 그 곳 퍼레이드의 추가적인 특징에 대해 이어지는 것이(C) 자연스럽다.

4 지시대명사가 가리키는 것은 대개 바로 한 두 문장 앞에 있다. 문맥상 바로 앞 문장에서 언급된 Shamrocks가 가장 알맞다.

5 '전통적이기 때문에 특정 사회에서 사람들에 의해 행해지는 것'의 의미를 가진 단어는 custom(관습)이다. (10행)

     [문제] 다음 주어진 뜻을 가진 단어를 글에서 찾아 쓰시오.

구문 해설

01행 St. Patrick's Day is a festival **honoring St. Patrick of Ireland**.
- honoring St. Patrick of Ireland는 a festival을 수식하는 현재분사구이다. 해석하면 '성 패트릭의 날을 기리는'의 의미이다.

06행 Today, St. Patrick's Day **is celebrated by** many people all over the world.
- 〈be + p.p.(+ by + 행위자)〉는 수동태로 '~에 의해 …되다'의 의미이다.
  (= Today, many people all over the world **celebrate** St. Patrick's Day.)

09행 They **would** also **dance** and **have** a traditional meal of Irish bacon and cabbage.
- 조동사 would는 과거의 습관이나 반복적인 일을 나타내어 '~하곤 했다'의 의미로 쓰인다. dance와 have는 would에 연결된다.

10행 Another custom is ***wearing*** the color green or shamrocks.
- wearing은 동명사로서 주격보어로 쓰였다. 해석은 '입는 것'으로 하며, 진행시제의 현재분사가 아님에 주의한다.
- wear는 '(옷·모자·신발·장신구 등을) 입고[쓰고/신고/착용하고] 있다'의 의미이다.

02 The Tallest Buildings

p.014

정답
1 ④	2 ③	3 ④	4 무게가 수백 톤인 거대한 돌들로 지어졌기 때문에

5 taller, steel frames

지문 해석

오늘날, 중국, 아랍 에미리트, 그리고 다른 나라들이 아주 높은 고층 건물들을 짓고 있다. 그렇지만 이것이 새로운 추세인 것은 아니다. 역사가 시작된 이래로 사람들은 높은 건물들을 지어오고 있다.

기자의 대피라미드는 3,800년 동안 세계에서 가장 높은 건축물이었다. 그것은 높이가 146.5미터였다. 고대 이집트의 피라미드들은 거대한 돌들로 지어졌다. 이런 돌들은 대개 무게가 수백 톤이었다. 그러므로 그 피라미드들을 매우 높게 짓는 것은 어려웠다.

1221년에 드디어 더 높은 건물이 건설되었다. 그것은 런던에 있었던 구 성 바오로 대성당이었다. 그 건물은 벽돌로 만들어졌으며 높이가 149미터였다. 사람들은 벽돌 건물들을 빠르게 지을 수 있었다. 하지만 벽돌 건물들은 충분히 강하지 않았기 때문에 훨씬 더 높을 수는 없었다.

더 높은 건축물들을 짓기 위해 사람들은 철골을 개발했다. 1908년에는 뉴욕 시의 싱어빌딩이 세계에서 가장 높은 고층 건물이 되었다. 그것은 높이가 187미터였다. 2009년부터는 두바이에 있는 부르즈 할리파가 가장 높은 건물이 되었다. 그것은 높이가 830미터이다. <u>하지만 그것이 오랫동안 가장 높은 건물이 되지는 않을 것이다.</u> 훨씬 더 높은 건물들이 이미 개발 중이다.

문제 해설

1 인류가 끊임없이 가장 높은 건물들을 지어온 역사에 관한 내용이므로 ④ '세계의 가장 높은 건축물들의 역사'가 가장 알맞다.
① 유럽의 유명한 대성당들
② 사람들이 높은 건물들을 건설하는 이유
③ 뉴욕 시에서 가장 높은 건물들
⑤ 고층 건물들은 다른 건물들과 어떻게 다른가

2 런던의 구 성 바울 대성당은 1221년에 완공된 149미터 높이의 벽돌 건축물이었다. ①과 ②는 대 피라미드, ④는 싱어빌딩, ⑤는 부르즈 할리파에 대한 설명이다.
① 그것은 높이가 146.5 미터였다.
② 그것은 3,800년 동안 가장 높은 건물이었다.
③ 그것은 벽돌로 지어졌다.
④ 그것은 1908년에 건설되었다.
⑤ 그것은 여전히 세계에서 가장 높은 건물이다.

3 주어진 문장의 시제가 현재이므로 ③ 이후가 적절하며, ④ 다음의 문장이 주어진 문장에 대한 이유를 설명하는 내용이므로 ④가 적절하다.

4 피라미드 건설에 사용되는 돌들은 대개 수백 톤이 넘어서 피라미드를 매우 높게 짓는 것이 어려웠다. (5~7행)

Q: 피라미드를 매우 높게 만드는 것은 왜 어려웠는가?

5 철골을 개발한 후에 사람들은 더 높은 건물들을 건설할 수 있었다.

구문 해설

02행 People **have been constructing** tall buildings *since* the beginning of history.

- 〈have/has been + -ing〉는 현재완료진행형으로 '계속 ~해오고 있다'의 의미이다. 과거에 시작된 일이 현재까지 계속 진행 중임을 강조할 때 쓴다.
- since는 '~부터[이래로]'의 의미로 현재완료진행형에서 자주 쓰인다.

07행 Therefore, **it** was difficult **to build the pyramids extremely** *high*.

- it은 가주어, to build ~ high가 진주어이다. 해석하면 '그 피라미드들을 매우 높게 짓는 것은 어려웠다'의 의미이다.
- high는 부사로 '높이, 높게'의 의미이다. *cf.* highly: 대단히

11행 But brick buildings could not be **much** taller because they were not *strong enough*.

- much는 비교급을 강조하는 부사로 '훨씬'의 의미이다. even, far, a lot도 비교급 강조 부사로 쓰인다.
- 〈형용사/부사 + enough〉는 '충분히 ~한/~하게'의 의미이다.

03 Egg Tarts

p.016

정답	**1** ②	**2** ③	**3** (1) T (2) T	**4** monks, nuns, leftover yolks	**5** Hong Kong

지문 해설 에그타르트는 달걀 커스타드 크림으로 채워진 구운 페이스트리이다. 이 달콤한 디저트는 많은 아시아 나라들에서뿐 아니라 유럽에서도 볼 수 있다.

최초의 에그타르트는 200여 년 전 포르투갈의 한 수도원에서 만들어졌다. 당시 가톨릭 수도사와 수녀들은 자신들의 옷에 풀을 먹이기 위해 달걀 흰자를 사용했다. 남은 달걀 노른자를 사용하기 위해 그들은 다른 디저트들을 개발했다. 에그타르트는 그것들 중 하나였다. 수도원이 1834년에 폐쇄되었을 때 한 근처 공장의 주인이 그 조리법을 샀다. 3년 후에 그는 빵 가게를 열었고 에그타르트를 팔기 시작했다.

아시아에서 에그타르트는 아마도 홍콩과 마카오에서 가장 인기 있을 것이다. 하지만 홍콩과 마카오의 에그타르트는 약간 다르다. 마카오 식은 포르투갈 식민지 개척자들이 들여왔다. 그래서 그것은 퍼프 페이스트리 껍질로 만들어진다. 포르투갈의 에그타르트는 1940년대에 홍콩에 소개되었다. 하지만 그 섬은 수년간 영국의 식민지였기 때문에 그것은 영국식 커스타드 크림 타르트의 영향을 받았다. 그래서 그것은 숏크러스트 페이스트리로 되어 있는데, 그것은 버터 쿠키 같은 맛이 난다.

문제 해설 **1** 에그타르트가 포르투갈에서 처음 만들어진 이후 오늘날에 이르기까지의 과정을 소개하고 있으므로 ② '에그타르트의 기원과 역사'가 가장 적절하다.

① 에그타르트의 다양한 조리법　　　　　③ 포르투갈에서 가장 유명한 디저트
④ 영국은 중국 요리에 어떻게 영향을 미쳤나　　⑤ 아시아 국가들에서 에그타르트의 인기

2 포르투갈에서 에그타르트가 어떻게 생겨났는지를 설명하고 있다. 주어진 문장의 them은 문맥상 ② 바로 뒤 문장의 different desserts를 가리키므로 ③이 가장 적절하다.

3 (1) 최초의 에그타르트는 200여 년 전 포르투갈의 한 수도원에서 만들어졌다. (3~4행)
(2) 홍콩의 에그타르트는 영국식 커스타드 크림 타르트의 영향을 받았다고 했다. (13~14행)
(1) 에그타르트는 포르투갈에서 유래했다.
(2) 영국식 에그타르트는 홍콩에서 인기 있다.

4 에그타르트는 포르투갈의 가톨릭 수도사들과 수녀들이 남은 노른자들을 사용하기 위해 디저트들을 만드는 동안 만들어졌다.

5 12행부터 홍콩식 에그타르트에 관한 설명이 나오므로, 문맥상 the island는 앞 문장에 언급된 Hong Kong을 가리킨다.

구문 해설

01행 Egg tarts are **baked pastries** [**that** *are filled with* egg custard].
- baked(구워진)은 pastries를 수식하는 과거분사이며, [ ]는 pastries를 수식하는 주격 관계대명사절이다. 해석하면 '달걀 커스타드 크림으로 채워진 구운 페이스트리'가 된다.
- be filled with는 '~로 가득 차다'의 의미이다.

01행 This sweet dessert can be found in Europe **as well as** in many Asian countries.
- 〈A as well as B〉는 'B뿐 아니라 A도'라는 뜻으로 〈not only B but also A〉와 같은 의미이다.

13행 But **as** the island was a British colony for many years, it was influenced by British custard tarts.
- as는 '~ 때문에'의 의미로 쓰였다. 접속사 as는 문맥에 따라 이유(~ 때문에), 시간(~할 때), 비례(~함에 따라), 양태(~하는 대로, ~처럼) 등 다양한 의미를 갖는다.

14행 So it has a shortcrust pastry, **which** tastes like a butter cookie.
- 선행사에 대한 부연 설명을 할 때, 관계대명사 앞에 콤마(,)를 쓴다. 이때 관계대명사는 '접속사 + 대명사'로 바꿔 쓸 수 있다. (= So it has a shortcrust pastry, **and it** tastes like a butter cookie.)

04 Michael Phelps

p.018

정답

1 ⑤ **2** ② **3** ① **4** He has won 23 gold medals.
| *Summary* | swimmers, ADHD, most, charity

지문 해석 Michael Phelps는 1985년 미국 발티모어에서 태어났다. 어렸을 때 그는 주의력 결핍 과잉 행동 장애(ADHD)로 진단받았다. 일곱 살 때 그는 그의 ADHD 치료하는 것을 돕기 위해 수영을 시작했다.

2000년에 Phelps는 그의 첫 번째 올림픽에 출전했다. 그는 겨우 열다섯 살이었다. 그 후 2004년 올림픽에서 Phelps는 첫 금메달을 땄다. 그는 또한 다섯 개의 금메달과 두 개의 동메달을 더 땄다. 2008년 베이징 올림픽에서는 여덟 개의 금메달을 땄다. Phelps는 단일 올림픽 대회 최다 금메달로 기록을 세웠다.

2012년 런던 올림픽에서 Phelps는 네 개의 금메달을 포함하여 여섯 개의 메달을 땄다. 그 대회 후 그는 은퇴를 했다. 그러나 2014년에 Phelps는 2016 리우 올림픽에 출전할 수 있도록 복귀했다. 그는 다섯 개의 금메달과 한 개의 은메달로 그 대회를 마쳤다. 지금까지 Phelps는 28개의 올림픽 메달을 땄다. 그는 가장 많은 올림픽 메달을 가진 운동선수이다.

Phelps는 자신이 소유한 자선 단체도 갖고 있다. 그는 어린이들이 수영 선수가 되고 더 건강하게 살도록 돕는다. 어린 선수들을 위한 그의 조언은 "네가 꿈꿀 수 있는 만큼 크게 꿈을 꿔라, 그러면 어떤 것도 가능하다"이다.

문제 해설

1 Michael Phelps가 올림픽 대회에서 우승한 성과들에 관한 내용이므로 ⑤ 'Michael Phelps가 가장 많은 올림픽 메달을 땄다'가 가장 적절하다.

[문제] 글의 제목으로 가장 알맞은 것은?

① 세계 최고의 운동선수들   ② 사람들이 즐기는 여러 가지 운동들
③ Michael Phelps는 왜 수영선수가 되었는가   ④ 어린이들이 수영 배우는 것을 돕는 자선단체들

2 2008년 베이징 올림픽에서 Michael Phelps는 단일 올림픽 대회 최다 금메달로 기록을 세웠다. (9~11행) ③은 2016년 리우 올림픽 이후, ④는 2012년 런던 올림픽 이후의 일이다.

[문제] 2008년 올림픽에서 Michael Phelps에게 있었던 일은?

① 그는 금메달보다 은메달을 더 많이 땄다.　　② 그는 단일 올림픽 대회에서 최다 금메달을 땄다.

③ 그는 가장 많은 메달을 가진 선수가 되었다.　　④ 그는 수영에서 은퇴했다.

⑤ 그는 어린이들을 위한 자선단체를 설립했다.

3 빈칸 앞에 은퇴했다는 내용이 나오고 빈칸 뒤에는 복귀했다는 내용이 나오므로 ① '그러나'가 가장 알맞다.

[문제] 글의 빈칸에 들어갈 말로 가장 알맞은 것은?

② 그러므로　　　③ 안타깝게도　　　④ 게다가　　　⑤ 예를 들어

4 Phelps는 올림픽 금메달을 2004년에 6개, 2008년에 8개, 2012년에 4개, 2016년에 5개 땄으므로, 총 23개의 금메달을 땄다.

[문제] Phelps가 올림픽에서 딴 금메달의 개수는?

| *Summary* |

| 가장 많은　　　ADHD　　　자선 단체　　　수영 선수들 |

Michael Phelps는 세계에서 가장 위대한 수영 선수들 중 하나이다. 일곱 살에 그는 그의 ADHD를 치료하기 위해 수영을 시작했다. 그 후, 그는 2004년 올림픽에서 그의 첫 번째 금메달을 땄다. 2008년 올림픽에서는 가장 많은 올림픽 메달을 가진 선수가 되었다. 지금까지 그는 28개의 올림픽 메달을 땄다. 그는 또한 아이들이 수영 선수가 되는 것을 돕기 위해 자선 단체를 시작하기도 했다.

구문 해설　03행　At age seven, he began swimming **to _help_** (to) _cure_ his ADHD.

　• to help는 to부정사의 부사적 용법으로 목적을 나타낸다.

　• 〈help + (to)동사원형〉은 '~하는 것을 돕다'의 의미이다. help 뒤에 to부정사가 쓰인 경우에 to는 흔히 생략된다.

13행　In 2014, however, Phelps came back **so that** he **could** compete in the 2016 Rio Olympics.

　• 〈so that + 주어 + can/could〉는 목적을 나타내며 '~하기 위해, ~할 수 있도록'의 의미이다.

18행　He **helps children become** swimmers and **live** healthier.

　• 〈help + 목적어 + (to)동사원형〉은 '~가 …하는 것을 돕다'의 의미이다.

19행　Dream **as _big_ as** you can dream, and anything is possible.

　• 〈as + 형용사/부사 원급 + as〉는 '~만큼 …한/하게'의 의미이다.

　• big은 형용사와 부사의 형태가 같다. 여기서는 dream을 수식하는 부사로 쓰였다.

focus On Sentences

p.020

Ⓐ　**1** 성 패트릭의 날은 아일랜드의 성 패트릭을 기리는 축제이다.

　2 역사가 시작된 이래로 사람들은 높은 건물들을 지어오고 있다.

　3 그러므로 그 피라미드들을 매우 높게 짓는 것은 어려웠다.

　4 Phelps는 2016년 리우 올림픽에 출전할 수 있도록 복귀했다.

Ⓑ　**1** Today, St. Patrick's Day is celebrated by many people all over the world.

　2 Brick buildings could not be much taller because they were not strong enough.

　3 Dream as big as you can dream, and anything is possible.

Ⓒ　**1** The first St. Patrick's Day parade took place in New York City in 1762.

　2 Egg tarts are baked pastries that are filled with egg custard.

　3 Phelps set a record for the most gold medals in a single Olympic Games.

UNIT 02

Words & Phrases

A

1 측면, 면	**2** 조각품	**3** 농업	**4** character	**5** 종교적인	**6** 우울한
7 pressure	**8** 대기	**9** 설명[묘사]하다		**10** citizen	**11** 짐, 수하물
12 우주복	**13** vote	**14** 나타나다	**15** imitate	**16** (생물) 종	**17** add
18 wealthy	**19** 노동	**20** 외국인	**21** idealistic	**22** notice	**23** play
24 확대[확장]되다		**25** solid	**26** 군(사)의	**27** 이용할 수 있는	
28 spread	**29** 온도, 기온	**30** 제국	**31** ocean	**32** 표면	**33** decorate
34 core	**35** 소유물, 소지품		**36** 그리다, 묘사하다		**37** 이민자
38 고도	**39** 조각, 파편	**40** politician			

B

1 look forward to　**2** take part in　**3** put, together　**4** depend on　**5** put up

---

05 Amazing Facts about the Earth

정답　**1** ⑤　**2** (1) T　(2) F　**3** ④　**4** spacesuit　**5** 5,500 degrees Celsius

지문 해석　우리가 사는 행성은 놀라운 장소이다. 여기 당신이 아마도 모르고 있을 몇 가지 사실들이 있다.

대기
- 매일 100톤의 운석들이 지구로 떨어진다. 하지만 걱정하지 마라. 그것들은 주로 우주 먼지 조각들이다. 그래서 그것들은 너무 작아서 알아차릴 수 없다.
- 해발 19킬로미터에서는 우주복을 입는 것이 필수가 된다. 이 고도 위에서는 기압이 너무 낮아서 물이 체온에서 끓는다.

바다
- 과학자들은 백만여 종들이 바다에서 산다고 믿는다. 하지만 우리는 그것들 중 1/3만 알고 있다.
- 물은 지구 표면의 약 70퍼센트를 덮고 있다. 불행히도 우리는 지구 물의 1퍼센트만 마실 수 있다. 그 중 97퍼센트는 소금물이다. 남은 2퍼센트는 눈과 얼음이다.

지표 밑
- 지구 핵은 섭씨 5,500도이다. 이것은 태양 표면과 같은 온도이다.
- 지구 중심에서 당신은 너비가 2,300킬로미터인 단단한 쇠공을 보게 될 것이다. 당신은 또한 지구 핵에서 지구 금의 약 99퍼센트를 발견하게 될 것이다!

문제 해설　**1** (A)에서는 지구의 대기에 관해, (B)에서는 바다에 관해, (C)에서는 지구의 중심부에 관해 설명하고 있으므로, ⑤ '대기-해양-지표 밑'이 가장 알맞다.
　① 우주-지면-태양　　② 지표 밑-바다-태양
　③ 대기-지면-바다　　④ 바다-대기-지표 밑

2 (1) 우리가 알고 있는 것이 1/3이므로 맞는 설명이다. (11~12행)
　(2) 지구 물 중 97퍼센트는 소금물, 2퍼센트는 눈과 얼음 상태이며, 우리가 마실 수 있는 물은 1퍼센트뿐이다. (13~15행)

3 지구 핵에는 지구 금의 약 99퍼센트가 있다고 했으므로 ④가 정답이다. (21~22행)

4 해발 19킬로미터 이상에서는 기압이 매우 낮으므로 우주복이 필요하다.

Q: 사람들이 해발 19킬로미터 이상을 올라가기 위해서 필요한 것은 무엇인가?

A: 그들은 <u>우주복</u>이 필요하다.

5 술부를 보아 This는 온도를 나타내는 것을 알 수 있으므로 바로 앞 문장의 5,500 degrees Celsius를 가리킨다고 볼 수 있다.

구문 해설

06행 So they are **too small to notice**.
- 〈too + 형용사/부사 + to-v〉는 '너무 ~해서 …할 수 없는'의 의미이다.

07행 At 19 kilometers above sea level, **it** becomes necessary **to wear a spacesuit**.
- it은 가주어, to ~ spacesuit가 진주어이다.

08행 Above this altitude, the pressure is **so** low **that** water boils at body temperature.
- 〈so + 형용사/부사 + that + 주어 + 동사〉는 '너무 ~해서 …하다'의 의미이다.

11행 Yet we only know **one-third** of them.
- one-third는 분수 '1/3'을 나타낸다. 분수에서 분모는 서수로 쓰고, 분자가 2 이상이면 서수인 분모에 -s를 붙인다. (e.g. 2/3: two-thirds)

06 Christmas Trees

정답

1 ①   **2** ⑤   **3** ③   **4** wax candles to their trees

| *Summary* | tradition, food, Europe, Asia

지문 해석 당신은 해마다 크리스마스를 고대하는가? 크리스마스가 다가올 때면, 당신은 가는 곳마다 크리스마스 트리들을 볼 수 밖에 없다. 하지만 크리스마스 트리가 어디에서 왔는지 한번이라도 궁금해한 적이 있는가?

크리스마스 트리의 전통은 16세기 독일에서 시작되었다. 종교인들은 그들 집 안에 소나무를 가져오곤 했다. 그들은 자신들의 트리를 사과, 견과류, 그리고 다른 음식들로 장식하곤 했다. 나중에 부유한 사람들은 트리에 양초를 더하기 시작했다.

점차, 크리스마스 트리 전통은 유럽 전역에 퍼져나갔다. 독일 이주민들은 다른 나라들에 그 전통을 가져갔다. <u>트리들은 미국에서 특히 인기를 끌었다.</u> 20세기 초에는 미국의 많은 도시들이 매년 공공 크리스마스 트리들을 세웠다. 집에 크리스마스 트리를 두는 것은 미국의 전통이 되기도 했다.

오늘날 크리스마스 트리들은 주로 미국과 유럽에서 대중적이다. 하지만 그것들은 아시아 지역들에서 점점 더 흔해지고 있다. 당신은 홍콩이나 서울의 쇼핑몰에서 거대한 크리스마스 트리를 종종 볼 수가 있다.

문제 해설 **1** 크리스마스 트리 장식의 유래부터 오늘날 대중화가 되기까지의 과정을 설명하고 있으므로 ① '크리스마스 트리가 있는 이유'가 가장 알맞다.

② 독일에서 유래된 관습들   ③ 세계의 크리스마스 전통들

④ 크리스마스에 관한 진실들   ⑤ 당신의 크리스마스 트리 장식을 위한 조언들

2 크리스마스 트리가 가장 대중적인 곳은 미국과 유럽이다. (14~15행)

① 16세기에 나타나기 시작했다.

② 종교인들에 의해 처음 만들어졌다.

③ 음식으로 장식되었다.

④ 미국 가정에서 대개 볼 수 있다.

⑤ 아시아 국가들에서 가장 대중적이다.

3 주어진 문장은 미국에서 크리스마스 트리가 대중화되었음을 설명하는 내용 앞인 ③에 오는 것이 가장 자연스럽다.

4 두 번째 단락 끝부분에 독일의 부유한 사람들이 트리에 양초를 추가했다는 내용이 나온다.

Q: 부유한 독일인들은 크리스마스 트리들을 어떻게 장식했는가?

A: 그들은 <u>트리에 양초를</u> 추가하곤 했다.

| *Summary* |

| 음식   유럽   아시아   전통 |

크리스마스 트리는 대중적인 <u>전통</u>이다. 독일인들은 16세기에 소나무를 장식하기 시작했다. 그들은 자신들의 트리를 <u>음식</u>과 초로 장식하곤 했다. 그 후, 그 전통은 <u>유럽</u>과 다른 나라들로 퍼졌다. 20세기에 그것은 미국에서도 인기를 얻게 되었다. 오늘날 크리스마스 트리들은 <u>아시아</u>에서조차 흔해지고 있다.

구문 해설

01행 Do you **look forward to** Christmas every year?
- 〈look forward to + 명사/-ing〉는 '~을 고대하다'의 의미이다.

01행 When Christmas is coming, you **can't help seeing** Christmas trees everywhere you go.
- 〈can't help -ing〉는 '~하지 않을 수 없다, ~할 수밖에 없다'의 의미이며, 〈can't help but + 동사원형〉으로 바꾸어 쓸 수 있다. (= When Christmas is coming, you **can't help but see** Christmas trees everywhere you go.)

02행 But do you ever wonder **where the Christmas tree came from**?
- where ~ from은 동사 wonder의 목적어절이다. 간접의문문으로 〈의문사 + 주어 + 동사〉의 어순이 쓰였다.

11행 **Having a Christmas tree in the home** became an American tradition too.
- Having ~ home은 주어 역할을 하는 동명사구로 '집에 크리스마스 트리를 두는 것'의 의미이다.

07 Words from Shakespeare

p.028

| 정답 | **1** ④   **2** ①   **3** ②   **4** ⓐ gloom   ⓑ gloomy   **5** new |

지문 해석

William Shakespeare는 가장 유명한 영국 작가들 중 한 명이다. 그는 〈햄릿〉과 〈로미오와 줄리엣〉을 포함하여 37편의 희곡을 썼다. 하지만 당신은 그가 약 1,700개의 새로운 영어 단어들을 만들었다는 것을 알았는가?

Shakespeare는 그 단어들 중 일부를 품사를 바꿈으로써 만들었다. 예를 들어 그는 명사 'gloom(우울)'을 가지고 형용사 'gloomy(우울한)'로 만들었다. 그는 그것을 죽음으로 야기되는 슬픔을 묘사하기 위해 사용했다. 또 다른 예는 'belongings(소유물)'이다. 그는 동사 'belong(~에 속하다)'을 명사로 바꾸었다.

그가 만들어낸 다른 단어들은 합성어들이다. (B) 이것들은 두 개의 단어를 합쳐서 만들어진 단어들이다. (C) 유명한 한 예는 'eyeball(안구)'이라는 단어이다. (A) 그것은 우리의 눈과 그 모양을 설명한다. Shakespeare의 또 다른 합성어는 'birthplace(출생지)'이다. 그의 등장인물들 중 한 명은 자신의 출생지를 싫어한다고 말한다. 그것은 그의 고향을 의미한다.

Shakespeare의 단어들 중 일부는 완전히 <u>새로운</u> 것이다. 'elbow(팔꿈치)'라는 단어는 희곡 〈리어왕〉에서 처음 등장했다. 오늘날 우리는 휴가 갈 때 'luggage(수하물)'를 들고 다닌다. 하지만 Shakespeare 이전에는 사람들이 그것을 여행가방이라고 불렀다.

문제 해설

1 ①, ②, ③은 첫 번째 단락에, ⑤는 두 번째와 세 번째 단락에 설명된 내용이지만 ④는 언급되지 않았다.

2 Shakespeare는 동사 'belong'의 품사를 바꾸어 'belongings'로 만들었다. (10~11행)

3 바로 앞에 제시된 compound words에 대한 설명이 나오고(B), 이 합성어에 해당하는 단어의 예를 제시한 뒤(C), 그 단어에 대해 설명하는(A) 것이 자연스럽다.

4 문맥상 ⓐ는 'gloom'을, ⓑ는 'gloomy'를 가리킨다. 즉, 명사 gloom으로 형용사 gloomy를 만들었고, 이 gloomy 가 죽음으로 야기된 슬픔을 묘사하는 데 쓰였다는 내용이다.

5 빈칸 뒤에는 기존의 단어들을 이용하지 않고 Shakespeare 작품에서 처음 나타난 단어들의 예가 나오므로 빈칸에는 new가 가장 알맞다. 첫 번째 단락 마지막 문장에 new가 나온다.

구문 해설

09행 He used it **to describe** the sadness *caused by death*.
  • to describe는 to부정사의 부사적 용법으로 목적을 나타낸다.
  • caused by death는 the sadness를 수식하는 과거분사구로 '죽음으로 야기된'의 의미이다.

13행 These are words **made *by putting* two words *together***.
  • made ~ together는 words를 수식하는 과거분사구이다.
  • 〈by + -ing〉는 '~함으로써'의 의미이며, put together는 '~을 합치다'의 의미이다.

19행 But before Shakespeare, people **called them travel bags**.
  • 〈call A B〉는 'A를 B라고 부르다'의 의미이다.

08 Ancient Greece vs. Ancient Rome

p.030

정답	**1** ④	**2** ③	**3** ③	**4** agriculture, slaves	**5** vote

지문 해석   고대 그리스는 서구 문명의 발상지로 여겨진다. 로마인들은 후에 그리스 문화의 많은 면들을 따라 했다. 그렇지 만 그것들 사이에는 여러 차이점들이 있다.

고대 그리스에서는 모든 시민들이 정치인이 되어 법률을 만들 수 있었다. 하지만 여성, 노예, 그리고 외국인 들은 시민이 될 수 없었다. 그에 반해서 고대 로마의 일부 외국인들은 시민이 되어 투표를 할 수 있었다. 고대 로마의 여성들 또한 시민이었다. 하지만 그들은 여전히 투표를 하거나 정치에 참여할 수 없었다.

고대 그리스의 경제는 농업에 기초했다. 그리스인들은 밀과 올리브, 포도를 재배했다. 로마인들 또한 농업에 의존했다. 하지만 로마인들이 농장에서 노예를 쓰는 것은 흔했다. 제국이 확장됨에 따라 노예들은 널리 이용 가 능했다. 그들은 또한 값싼 노동력을 제공해주었다.

아마도 그리스는 미술품으로 가장 알려져 있을 것이다. 대부분의 그리스 조각품들은 신들과 영웅들이었다. 그것들은 이상적인 신체를 가진 사람들도 보여주었다. 로마 예술은 많은 면에서 그리스 예술을 모방했다. 하지 만 로마인들은 사람들을 실제 보이는 대로 묘사했다. 또한 로마 그림 속 사람들은 대개 정치적, 군사적 지도자 들이었다.

문제 해설   **1** 고대 로마에서 일부 외국인들은 시민으로서 투표를 할 수 있었지만, 여성은 시민이어도 투표나 정치를 할 수 없었다. 따 라서 ④ '그들은 일부 외국인들보다 더 적은 권리들을 갖고 있었다'가 가장 알맞다. (8~10행)
  [문제] 고대 로마의 여성들에 관한 글의 내용과 일치하는 것은?
  ① 그들은 시민이 아니었다.   ② 그들은 종종 노예로 일했다.
  ③ 그들은 정치에 참여할 수 있었다.   ⑤ 그들은 집을 떠나는 것이 허용되지 않았다.

  2 빈칸 앞뒤로 고대 그리스와 로마 시민의 차이점이 나오므로 ③ '그에 반해서'가 가장 알맞다.
  [문제] 글의 빈칸에 들어갈 말로 가장 알맞은 것은?
  ① 이와 유사하게   ② 결과적으로   ④ 게다가   ⑤ 예를 들어

3 그리스 조각품들은 신과 영웅들 외에도, 이상적인 신체를 가진 사람들을 보여준다고 했다. (17~18행)

[문제] 글의 내용과 일치하지 <u>않는</u> 것은?

① 로마 예술은 그리스의 영향을 받았다.

② 그리스인들은 완벽한 신체로 된 조각상들을 만들었다.

③ 그리스인들은 신들과 영웅들의 상만을 만들었다.

④ 로마 예술가들은 사실적인 초상화와 조각품들을 만들었다.

⑤ 로마인들은 정치와 군 지도자들을 그리곤 했다.

4 [문제] 다음 빈칸에 알맞은 단어들을 글에서 찾아 쓰시오.

고대 그리스와 로마의 경제 둘 다 <u>농업</u>에 기초하고 있었지만, 로마에서는 <u>노예들</u>이 농장에서 일하기 위해 종종 이용되었다.

5 '선거에서 어떤 사람이나 쟁점에 관한 당신의 선택을 보여주는 것'의 의미를 가진 단어는 vote(투표하다)이다. (9, 10행)

[문제] 다음 주어진 뜻을 가진 단어를 글에서 찾아 쓰시오.

구문 해설

01행 Ancient Greece **is considered** the birthplace of Western civilization.

• be considered는 '~로 여겨지다[간주되다]'의 의미이다.

11행 The economy in ancient Greece **was based on** agriculture.

• be based on은 '~에 기초하다'의 의미이다.

13행 But **it** was common **for Romans to use slaves on farms**.

• 〈it ~ for + 명사(목적격) + to-v〉는 'OO가 …하는 것은 ~이다'의 의미이다. 여기서 it은 가주어, for Romans는 to use의 의미상의 주어, to use ~ farms는 진주어이다.

18행 However, the Romans portrayed men **as** they really looked.

• as는 '~하는 대로'의 의미로 쓰였다. 접속사 as는 이외에도 이유(~ 때문에), 시간(~할 때), 비례(~함에 따라) 등 다양한 의미를 갖는다.

focus ⊙n Sentences

p.032

Ⓐ **1** 이 고도 위에서는 기압이 너무 낮아서 물이 체온에서 끓는다.

2 크리스마스가 다가올 때면, 당신은 가는 곳마다 크리스마스 트리들을 볼 수 밖에 없다.

3 그는 〈햄릿〉과 〈로미오와 줄리엣〉을 포함하여 37편의 희곡을 썼다.

4 로마인들이 농장에서 노예를 쓰는 것은 흔했다.

Ⓑ **1** <u>They are too small to notice</u>.

2 <u>Having a Christmas tree in the home</u> became an American tradition, too.

3 Before Shakespeare, <u>people called it a travel bag</u>.

Ⓒ **1** Do you <u>look forward to</u> Christmas every year?

2 These are words made by <u>putting</u> two words <u>together</u>.

3 They still could not vote or <u>take part in</u> politics.

UNIT **03**

Words & Phrases

p.035

A	**1** 리듬	**2** 경쟁, 경기[대회]	**3** village	**4** reduce	**5** 들다, 갖고 있다
	6 overcome	**7** ugly	**8** 장애를 가진	**9** 대신[대체]하다	**10** 시각 장애인의
	11 college	**12** perform	**13** 장애	**14** 인식	**15** international
	16 특이한	**17** ban	**18** community	**19** 위험한	**20** 지능	**21** realize
	22 특징	**23** 부상당한, 다친	**24** 아마도	**25** instrument	**26** fear
	27 올리다; 모금하다	**28** convenient	**29** beat	**30** 겨루다, 참가하다
	31 정착민	**32** direction	**33** 목마	**34** 독특한	**35** 납작해진	**36** shelf
	37 위험	**38** 노래	**39** ~ 덕분에	**40** 적어도, 최소한
B	**1** is similar to	**2** throw away	**3** in a line	**4** Look up	**5** participate in

09 The Paralympics

 p.036

정답	**1** ③	**2** ⑤	**3** ⑤	**4** overcome	**5** guides, wheelchairs

지문 해석 올림픽 대회는 세계에서 가장 큰 스포츠 행사들 중 하나이다. 하지만 많은 사람들이 패럴림픽(국제 장애인 올림픽 대회)에 대해서는 알지 못한다. 그것은 장애인들을 위한 올림픽 경기이다.

1948년에 Ludwig Guttmann이라는 이름의 한 의사가 국제 휠체어 경기를 만들었다. 그는 전쟁에서 부상당한 사람들이 그들의 장애를 극복하는 것을 돕기 위해 그 경기를 만들었다. 1960년에 그 이름은 패럴림픽 대회로 바뀌었다. 1988년부터 패럴림픽은 올림픽과 같은 도시에서 개최되어왔다.

패럴림픽에 참가하기 위해 선수들은 열 가지 장애들 중 적어도 한 가지를 갖고 있어야 한다. 이것은 팔이나 다리 같은 신체의 일부가 없는 것을 포함한다. 비정상적으로 단신인 선수들과 지적 장애를 가진 선수들도 참가할 수 있다. 패럴림픽 경기 종목들 다수는 올림픽 경기 종목들과 비슷하지만 몇 가지 변화는 있다. 예를 들어 시각 장애가 있는 주자들은 그들을 돕는 안내자들이 있다. 농구에서는 모든 선수들이 휠체어를 탄다.

패럴림픽 덕분에, 장애를 가진 사람들도 그들이 매우 좋아하는 경기에 출전할 수가 있다.

문제 해설 **1** 패럴림픽 대회를 소개하는 내용이므로 ③ '장애인들을 위한 운동 경기'가 가장 알맞다.

　　① 장애인들에게 인기 있는 스포츠

　　② Guttmann 박사가 만든 유명한 발명품들

　　④ 사람들이 장애인이 되게 하는 부상들

　　⑤ 올림픽 대회와 패럴림픽 대회의 차이점

2 지적 장애를 가진 선수들도 참가할 수 있으므로 ⑤는 틀린 진술이다. (11~12행)

3 빈칸 뒤의 내용은 빈칸 앞 문장의 some changes의 예에 해당하므로 ⑤ '예를 들어'가 가장 적절하다.

　　① 그러나　　② 이와 유사하게　　③ 게다가　　④ 놀랍게도

4 '문제를 다루거나 조정하는데 성공하다'의 의미를 가진 단어는 overcome(극복하다)이다. (6행)

　　[문제] 다음 주어진 뜻을 가진 단어를 글에서 찾아 쓰시오.

5 패럴림픽에서 시각 장애 주자들은 그들을 돕는 안내자들이 있으며, 농구 선수들은 휠체어를 탄다.

구문 해설

05행 He made the games to **help *people injured in wars* to overcome** their disabilities.
- 〈help + 목적어 + (to)동사원형〉은 '~가 …하는 것을 돕다'의 의미이다. to overcome의 to는 생략 가능하다.
- injured in wars는 people을 수식하는 과거분사구이다. 해석하면 '전쟁에서 부상당한 사람들'의 의미이다.

07행 **Since** 1988, the Paralympics **have taken** place in the same city as the Olympics.
- 현재완료형인 〈have + p.p.〉가 since(~부터)와 함께 쓰이면 계속의 의미로 쓰인다.

13행 For example, **runners** [**who** are blind] have guides *to help* them.
- [ ]는 runners를 수식하는 주격 관계대명사절이며, have가 문장 전체의 동사이다.
- to help는 to부정사의 형용사적 용법으로 guides를 수식한다.

15행 Thanks to the Paralympics, people with disabilities can compete in **the sports [(that[which])** they love].
- [ ]는 the sports를 수식하는 관계대명사절이다. 이때 관계대명사절에는 목적격 관계대명사 that[which]이 생략되었다.

10 Kromkommer

p.038

정답　**1** ④　**2** (1) T　(2) F　**3** ②　**4** campaign　**5** 음식물 쓰레기에 대한 인식을 높이는 것

지문 해석　2013년에 네덜란드의 대학생인 Jente와 Lisanne은 시장에 갔다. 그들은 많은 채소들이 선반에 남겨진 것에 주목했다. 그 소녀들은 사람들이 이상하게 생긴 채소들은 먹고 싶어 하지 않는다는 것을 깨달았다. 그들은 못생긴 채소들이 왜 버려져야 하는지 궁금했다. 그들은 이 문제를 해결할 방법을 찾고 싶었다.

　Jente와 Lisanne은 크라우드펀딩 캠페인을 시작했다. 그들은 이 못생긴 채소들을 구하고 싶었다. 이것은 또한 음식물 쓰레기를 줄여줄 것이기도 했다. 두 달 후, 그들은 31,000유로 이상을 모았다. 그들은 Chantal과 회사를 설립했다. Chantal은 음식물 쓰레기를 줄이기 위한 캠페인을 했었다. 그들은 자신들의 회사를 크롬꼬머(Kromkommer)라고 이름 지었다. 그것은 '뒤틀린 오이'를 의미한다.

　크롬꼬머는 못생긴 채소들로 수프를 만든다. 그 회사의 수프는 납작해진 토마토들과 끝이 갈라진 당근들을 사용한다. 이제 이 수프들은 네덜란드의 50여 개 상점들에서 판매된다. Jente와 Lisanne은 또한 음식물 쓰레기에 대한 인식도 높이고 싶어한다. 그들은 캠페인을 통해 그것을 한다. 이 캠페인을 하는 동안 그들은 수백 킬로그램의 못생긴 과일들과 채소들을 판다. 그들은 사람들이 언젠가는 채소들이 어떻게 생겼든지 그것들을 사기를 바란다.

문제 해설　**1** 버려지는 못생긴 채소들을 이용하고 음식물 쓰레기도 줄이는 한 회사에 관한 내용이므로 ④ '못생긴 채소들을 구하는 회사'가 가장 알맞다.
① 크롬꼬머는 어떻게 설립되었나
② 사람들은 왜 못생긴 음식을 사지 않는가
③ 크라우드펀딩을 이용하는 것의 장점들
⑤ 음식물 쓰레기를 줄이기 위한 여러 가지 캠페인들

2 (1) 크롬꼬머는 못생긴 채소들로 수프를 만든다. (13행)
(2) 크롬꼬머의 수프는 네덜란드의 50여 개 상점에서 판매된다. (14~15행)
(1) 그 회사는 수프를 만들기 위해 못생긴 채소들을 사용한다.
(2) 그 회사의 수프는 주로 온라인으로 판매된다.

3 못생긴 채소들을 사지 않는 것은 생김새를 보고 산다는 것이므로 ② '보이다(생기다)'가 가장 알맞다.
① 맛이 나다　　③ 냄새가 나다　　④ 느껴지다　　⑤ 들리다

4 '목표를 달성하기 위한 일련의 활동들'의 의미를 가진 단어는 campaign(캠페인)이다. (10, 17행)

[문제] 다음 주어진 뜻을 가진 단어를 글에서 찾아 쓰시오.

5 그들이 캠페인으로 하는 것, 즉 that은 앞 문장에서 언급된 'to increase awareness of food waste'를 의미한다.

구문 해설

05행 They wondered why ugly vegetables **have to be thrown away**.
- 〈have to + be + p.p.〉는 '~되어야 한다'의 의미이다. why ~ away는 못생긴 채소들이 왜 버려져야 하는지'가 된다.

06행 They wanted to find a way **to solve** this problem.
- to solve는 to부정사의 형용사적 용법으로 a way를 수식한다.

10행 Chantal **had run** a campaign to reduce food waste.
- 〈had + p.p.〉는 과거완료로 이야기가 진행되는 과거 시점보다 더 먼저 있었던 일을 나타낸다. 여기서는 회사를 시작하기 이전에 캠페인을 했다는 것이므로 had run이 쓰였다.

11행 They **named their company Kromkommer**.
- 〈name A B〉는 'A를 B라고 이름 짓다'의 의미이다.

20행 They hope that people will someday buy vegetables **no matter how** they look.
- 〈no matter how + 주어 + 동사〉는 '~가 어떻게[얼마나] …하든'의 의미이다. no matter how 뒤에 형용사나 부사가 오면 '아무리 ~하더라도'의 의미이다. (e.g. **No matter how handsome** he is, I don't like him. 그가 아무리 잘생겼더라도, 나는 그를 좋아하지 않는다.)

11 Traditional Dances from around the World p.040

정답
1 ③   **2** ②   **3** (1) b   (2) c   (c) a   **4** settler
| *Summary* | hula dance, dragon dance, good luck, antlers

지문 해석 많은 문화들은 그들만의 독특한 춤들을 갖고 있다. 이 춤들 중 일부는 세계적으로 유명하다. 또 다른 일부는 그저 작은 마을에서만 공연된다. 그 춤들은 모두 배우기에 흥미롭다.

가장 유명한 춤들 중 하나는 훌라 춤이다. 그것은 하와이에서 폴리네시아 정착민들에 의해 발달되었다. 사람들이 춤을 추는 동안에는 전통 북과 래틀이 연주되었다. 그 춤은 이야기를 해주거나 역사적인 일들을 공유하는 노래를 포함하고 있었다. 오늘날 훌라 춤은 기타와 우쿨렐레 같은 악기들을 사용한다.

중국 설날에는 중국 지역 사회 어디에서나 용춤을 공연한다. 그들은 그 춤이 지역 사회에 행운을 가져다 준다고 믿는다. 그 춤은 한 무리의 사람들에 의해 공연된다. 그들은 자신들 위에 긴 용의 몸을 들고 다닌다. 용의 각 부분은 북 장단에 맞춰 움직여야 한다.

영국의 애버츠 브럼리 뿔 춤은 특이한 춤이다. 그것은 매년 9월에 열린다. 여섯 명의 무용수들은 큰 사슴 뿔을 갖고 있다. 나머지 무용수들에는 아코디언 연주자와 5월의 여왕, 목마, 광대가 포함되어 있다. 그 무용수들은 그저 음악의 리듬에 맞춰 한 줄로 나아간다.

문제 해설 **1** 과거에는 전통 북과 래틀을, 오늘날에는 기타와 우쿨렐레 같은 악기들을 사용한다. ③ '피리'는 언급되지 않았다. (7~8행, 10~11행)
① 북   ② 래틀   ④ 기타   ⑤ 우쿨렐레

2 중국 사람들은 용춤이 지역 사회에 행운을 가져다 준다고 믿는다고 했으므로 ② '그 지역에 행운을 가져오기 위해'가 가장 알맞다. (13~14행)
① 과거에 관한 이야기들을 해주기 위해   ③ 누군가의 결혼을 축하하기 위해
④ 그들의 독특한 문화를 유지하기 위해   ⑤ 관광객을 지역 사회에 유치하기 위해

3 애버츠 브럼리 뿔 춤은 매년 9월에 열리며, 이야기를 해주는 노래가 있었던 것은 홀라 춤, 북 장단에 맞추어 움직이는 춤은 용춤이다.

4 '새로운 곳에 살기 위해 가는 사람'의 의미를 가진 단어는 settler(정착민)이다. (6행)

[문제] 다음 주어진 뜻을 가진 단어를 글에서 찾아 쓰시오.

| *Summary* |

사슴 뿔 행운 홀라 춤 용춤

홀라 춤은 폴리네시아 정착민들에 의해 하와이에 들어왔다. 그것은 이야기를 해주고 중요한 일들을 공유하기 위해 이용되었다. 또 다른 유명한 춤은 중국의 용춤이다. 중국 사람들은 새해마다 행운을 위해 이 춤을 춘다. 애버츠 브럼리 뿔 춤은 영국에서 매년 9월에 열린다. 여섯 명의 무용수들이 음악에 맞추어 움직이는 동안 사슴 뿔을 들고 있다.

구문 해설　02행　All of them are interesting **to learn** about.
　　　　　　• to learn은 형용사 interesting을 수식하는 to부정사의 부사적 용법으로서 '~하기에'의 의미이다. interesting to learn about은 '배우기에 흥미로운'의 의미이다.

　　　　　20행　The dancers simply step in a line **to the rhythm of** the music.
　　　　　　• to the rhythm of은 '~의 리듬에 맞춰'의 의미이다.

12 China's Super App

p.042

정답　1 ④　　2 ⑤　　3 ⑤　　4 many popular applications, such as Facebook and YouTube, are banned in China　　5 identity theft, convenient

지문 해석　여러 해 동안 중국의 일부 기술 회사들은 서구 회사들의 아이디어를 베꼈다. 하지만 오늘날에는 서구 회사들이 앱을 개발하는 것에 관해 중국 회사들로부터 배우고 있다.

페이스북과 유튜브 같은 많은 인기 앱들은 중국에서 금지되어 있다. 그 결과 중국 회사들은 이런 것들을 대신하는 앱을 개발했다. 어떤 경우 중국 앱들은 미국의 앱들이 갖고 있지 않은 특징들을 갖고 있다.

가장 흥미로운 중국 앱은 위챗이라고 불린다. 어떤 사람들은 그것을 '수퍼 앱'이라고 부른다. 그 이유는 위챗이 여러 앱들의 일을 하기 때문이다. 그래서 사람들은 위챗만 사용하고 다른 앱들은 사용하지 않을 수도 있다. 예를 들어 사람들은 친구들에게 함께 저녁 식사를 하자고 메시지를 보낼 수 있다. 그들은 식당 후기들을 찾아보고 가는 길을 찾을 수 있다. 식사 후에는 식당에 결제를 할 수 있다. (어떤 사람들은 신용카드로 지불하는 것을 선호한다.) 이 모든 것들을 위챗으로 할 수 있다.

어떤 사람들은 위챗과 같은 수퍼 앱들이 아마도 위험할 것이라고 생각한다. 그들은 그렇게 많은 활동들을 하기 위해 하나의 앱을 사용하는 것이 신원 도용의 위험을 증가시킬 수 있다고 우려한다. 위챗을 사용하는 것이 위험할 수 있다는 것은 사실이다. 하지만 사람들은 그것이 매우 편리하기 때문에 여전히 사용할 것이다.

문제 해설　1 여러 가지 기능들이 있어서 중국에서 인기를 얻고 있는 위챗이란 앱에 대해 설명하고 있으므로 ④ '여러 다른 앱을 대신할 수 있는 앱'이 가장 적절하다.

[문제] 글의 주제로 가장 알맞은 것은?
① 중국은 왜 일부 앱을 금지하는가
② 젊은이들은 전화기를 어떻게 이용하는가
③ 사람들이 앱에서 원하는 특징들
⑤ 서구 회사들을 베끼는 중국 회사들

2 위챗을 '수퍼 앱'으로 부른다는 내용 바로 뒤에 ⑤ '여러 앱의 일을 하기 때문에'라고 이유가 설명되어 있다. (9~10행)

[문제] 일부 사람들이 위챗을 '수퍼 앱'이라고 부르는 이유는?

① 다운로드가 무료이기 때문에　　　② 신원 도용을 방지하기 때문에

③ 미국 앱들이 들어있기 때문에　　　④ 사람들이 친구를 사귀도록 도와주기 때문에

3 위챗 앱의 기능들을 설명하고 있으므로 신용카드 지불 방식을 선호하는 경향에 대해 언급하고 있는 (e)는 글의 흐름과 관계가 없다.

[문제] 글의 (a)~(e) 중, 전체 흐름과 관계 없는 문장은?

4 중국이 그들만의 앱을 개발하게 된 건 페이스북이나 유튜브 같은 미국 앱들을 사용할 수 없기 때문이었다. (4~5행)

[문제] 중국 회사들은 왜 미국 앱들의 중국 판을 개발했는가?

페이스북이나 유튜브 같은 많은 인기 앱들이 중국에서 금지되어 있기 때문에

5 [문제] 다음 빈칸에 알맞은 단어들을 글에서 찾아 쓰시오.

위챗과 같은 앱들은 신원 도용의 위험을 높일 수 있다. 하지만 그 앱들이 매우 편리하기 때문에 사람들은 여전히 그것들을 사용할 것이다.

구문 해설　**06행** In some cases, the Chinese versions have **features** [**(that[which])** the American apps do not have].

• [ ]는 features를 수식하는 관계대명사절로, 목적격 관계대명사 that[which]이 생략되었다.

15행 All of this **can be done** with WeChat.

• 조동사의 수동태는 〈조동사 + be + p.p.〉로 나타낸다. can be done은 '행해질 수 있다'의 의미이다.

17행 They fear that **using one application to do so many activities** can increase the risk of identity theft.

• using ~ activities는 that절에서 주어 역할을 하는 동명사구로 '그렇게 많은 활동들을 하기 위해 하나의 앱을 사용하는 것'의 의미이다.

19행 **It** is true **that using WeChat can be risky**.

• it은 가주어, that ~ risky가 진주어이다. that절이 주어인 경우, 주어 자리에 가주어 it을 쓰고 진주어인 that절은 문장 뒤로 보내어 쓸 수 있다.

focus On Sentences

p.044

Ⓐ **1** 그는 전쟁에서 부상당한 사람들이 그들의 장애를 극복하는 것을 돕기 위해 그 경기를 만들었다.

2 1988년부터 패럴림픽은 올림픽과 같은 도시에서 개최되어왔다.

3 그들은 못생긴 채소들이 왜 버려져야 하는지 궁금했다.

4 위챗을 사용하는 것이 위험할 수 있다는 것은 사실이다.

Ⓑ **1** They named their company Kromkommer.

2 They hope that people will someday buy vegetables no matter how they look.

3 The dancers simply step in a line to the rhythm of the music.

Ⓒ **1** To participate in the Paralympics, athletes must have at least one of 10 disabilities.

2 Many of the Paralympic sports are similar to Olympic sports.

3 They can look up restaurant reviews and then get directions.

UNIT 04

Words & Phrases

A

1 connect	**2** 물건, 물체	**3** quiet	**4** second	**5** dislike	**6** 층
7 통제[지배]하다; 조절하다		**8** 여전히; 정지한		**9** discover	**10** 두다[얹다], 기대다
11 설계하다, 고안하다		**12** 허락[허용]하다		**13** 입양하다	**14** book
15 recover	**16** 금속의	**17** private	**18** 그럼에도 불구하고		**19** donate
20 전체의	**21** government	**22** 음의 높이	**23** bill	**24** 군대	**25** 집세; 임대하다
26 outdoor	**27** tail	**28** 전자의	**29** 회전하다	**30** 지역[현지]의; 현지인	
31 새끼 고양이	**32** loud	**33** through	**34** 더 멀리	**35** attack	**36** 따로
37 시장	**38** 음량, 볼륨	**39** fall	**40** continue		

B

1 Turn off **2** get hurt **3** catch the eye **4** a pair of **5** afford to

---

13 The Theremin

정답	**1** (1) T (2) F **2** ⑤ **3** ⑤ **4** higher, louder
	5 A <u>M</u>usical <u>I</u>nstrument <u>Y</u>ou <u>P</u>lay without <u>T</u>ouching

지문 해석 만지지 않고 연주하는 악기를 본적이 있는가? 이와 같은 악기가 하나 있다. 그것은 테레민이라고 불린다.

테레민은 1920년에 Leon Theremin에 의해 발명되었다. 그는 군사 기술을 만들기 위해 러시아 정부에서 일했다. (C) 한 연구에서, 그는 군대용 센서를 만들었다. (B) Leon은 그 센서를 이용해 전자 악기를 만들 수 있다는 것을 발견했다. (A) 그는 그의 새 악기를 전 세계의 사람들에게 보여주기 시작했다. 그것은 곧 큰 인기를 끌었다.

테레민은 두 개의 안테나가 달린 상자이다. 한 안테나는 음의 높이를 조절한다. 다른 하나는 음량을 조절한다. 당신은 안테나 주위에서 손을 움직임으로써 테레민을 연주한다. 당신이 손을 안테나에 더 가까이 움직이면 소리는 더 높고 커진다. 만약 당신이 손을 더 멀리 움직이면 소리는 더 낮고 조용해진다. 테레민은 그것의 이상한 소리 때문에 공상과학 영화 음악을 만들기 위해 사용되었다. 테레민을 연주하는 것은 매우 어렵다. 그것은 당신이 악기 위에 손을 둘 수 없기 때문이다. 그래서 당신의 팔은 빨리 지치게 된다!

문제 해설 **1** (1) 발명가 이름이 Leon Theremin이므로 맞는 설명이다. (3행)

(2) 악기가 아닌, 악기에서 사용된 '센서'를 군대용으로 만들었다. (7행)

2 먼저 센서를 만들었고(C), 그 센서를 이용해 악기를 만들 수 있다는 것을 발견했으며(B), 그래서 만든 악기를 세상에 보여주었다고(A) 이어져야 흐름이 자연스럽다.

3 테레민 연주자는 언급되지 않았다.

① 테레민은 언제 발명되었는가? (3행)

② 테레민은 어떻게 생겼는가? (9행)

③ 두 개의 안테나는 어떤 일을 하는가? (9~10행)

④ 테레민은 어떻게 연주하는가? (10~14행)

⑤ 유명한 테레민 연주자는 누가 있는가? (언급되지 않음)

4 손을 안테나에 더 가까이 움직이는 것은 소리를 <u>더 높고</u> <u>더 크게</u> 만든다.

5 독특한 악기인 테레민에 관해 소개하는 글이다. 테레민의 가장 큰 특징인 '만지지 않고 연주하는 악기(A Musical Instrument You Play without Touching)'가 글의 제목이 될 수 있다.

01행 Have you ever seen **a musical instrument** [**(that[which])** you play *without touching* it]?
- [ ]는 a musical instrument를 수식하는 관계대명사절로, 목적격 관계대명사 that[which]이 생략되었다.
- 〈without -ing〉는 '~하지 않고'의 의미이다.

09행 **One** antenna controls the sound pitch. **The other** controls the volume.
- one ~ the other …는 (둘 중) '하나는 ~, 다른 하나는 …'의 의미이다.

14행 The theremin **was used to make** music for sci-fi movies *because of* its strange sound.
- 〈be used + to-v〉는 '~하기 위해 사용되다'의 의미이다.
- because of 뒤에는 명사(구)가, because 뒤에는 주어, 동사로 이루어진 절이 나온다.

14 Mayor Stubbs

정답

1 ③　　**2** ③　　**3** ③　　**4** They donated thousands of dollars to pay his medical bills.
5 recover

지문 해석

알래스카의 탤키트나라는 작은 마을을 방문한다면, 당신은 Stubbs 시장을 만날 수 있다. 하지만 Stubbs는 사람이 아니다. 그는 고양이다! 1997년에 Lauri Stec이라는 이름의 한 여성이 새끼 고양이 한 상자를 발견했고 한 마리를 입양하기로 결심했다. 그녀는 그의 꼬리가 뭉툭했기 때문에 그를 Stubbs라고 이름 지었다.

생후 3개월이 되었을 때 Stubbs는 그 마을의 시장이 되었다. 비록 그가 공식 시장은 아니지만 그는 관광객들의 볼거리이다. (탤키트나에는 Winterfest라고 불리는 유명한 기념 행사도 있다.) 매일 약 30에서 40명의 사람들이 그를 보러 온다. 매일 오후에 그는 와인 잔에서 물을 마시기 위해 지역 식당에 간다.

그간 Stubbs는 어려움을 겪기도 했다. 그는 언젠가 튀김 냄비에 떨어졌었다. 다행히 그것은 불이 꺼져 있어서 그가 다치지는 않았다. 하지만 그는 좀 더 조심했어야 했다. 2013년에 Stubbs는 개에게 공격을 받기도 했다. 전 세계 사람들은 그의 병원비를 지불하기 위해 수천 달러를 기부했다. Stubbs는 회복했고 계속 그 마을의 시장이 되었다.

문제 해설

1 알래스카 탤키트나의 명예 시장으로 있는 고양이 Stubbs에 관한 내용이므로 ③ '마을 시장인 고양이의 삶'이 가장 알맞다.
- ① 동물 시장이 있는 도시들
- ② 알래스카의 유명 관광 명소들
- ④ 사람들은 왜 Stubbs에게 돈을 기부했는가
- ⑤ Stubbs가 겪었던 위험들

2 시장이 된 고양이 Stubbs에 관한 내용이므로 그 지방의 유명 축제를 언급하는 (c)는 글의 흐름에 맞지 않는다.

3 튀김 냄비에 떨어졌지만 불이 꺼져 있어서 다행히 다치지 않았다고 했다. (10~11행)

4 Stubbs가 개에게 물렸을 때 전 세계 사람들이 진료비를 대기 위해 돈을 기부했다고 언급되어 있다.
Q: Stubbs가 개에게 공격을 받았을 때 사람들은 무엇을 했는가?
A: <u>그들은 그의 진료비를 지불하기 위해 수천 달러를 기부했다.</u>

5 '질병이나 부상 후 다시 건강해지다'의 의미를 가진 단어는 'recover(회복하다)'이다. (14행)
[문제] 다음 주어진 뜻을 가진 단어를 글에서 찾아 쓰시오.

구문 해설

02행 In 1997, a woman **named** Lauri Stec *found* a box of kittens and *decided* to adopt one.
- named는 a woman을 수식하는 과거분사로 '~라는 이름의'의 의미이며, found와 decided가 문장 전체의 동사이다.

03행 She **named him Stubbs** because his tail was stubby.
- 〈name A B〉는 'A를 B라고 이름 짓다'의 의미이다.

11행 But he **should have been** more careful.
- 〈should have p.p.〉는 '~했어야 했다'의 의미로, 과거 일에 대한 후회나 유감을 나타낼 때 주로 쓰인다. 해석하면 '그는 좀더 조심했어야 했다'의 의미이다.

15 Moving Sculptures
p.052

정답	**1** (1) T (2) F **2** ③ **3** ③ **4** hand **5** still

지문 해석 대부분의 조형물들은 그저 정지해 있는 물체이다. 하지만 일부 조형물들은 움직이도록 설계된다. 이런 것들은 '움직이는 조형물'이라고 불린다.

움직이는 조형물은 움직이는 부분들이 달린 조형물이다. 많은 야외 조형물들이 풍력으로 움직인다. 바람이 불 때마다, 그 조형물들의 일부가 움직인다. Anthony Howe가 만든 조형물들은 훌륭한 예이다. 그것들 중 대부분은 바람으로 회전하는 긴 금속 팔들이 있다. 그것들은 눈길을 끄는 독특한 패턴들을 만들어낸다.

다른 조형물들은 움직이기 위해 모터를 사용한다. David Cerny는 작가 Franz Kafka의 머리로 된 거대 조형물을 만들었다. 그 조형물에는 42개의 층들이 있다. 각 층은 같이 또는 따로 회전할 수 있다. 그 조형물은 몇 초 동안 Kafka의 머리를 보여준다. 그런 다음 각 층은 다른 방향으로 움직이게 되고 얼굴은 흩어진다. 얼굴은 그 후 다시 돌아온다.

어떤 조형물들은 당신이 손을 움직임으로써 움직인다. 윤덕노 작가는 〈Kinetic〉이라고 불리는 작은 반지들을 만들었다. 그것들 중 하나는 반지에 한 쌍의 날개가 달려있다. 당신이 손을 위아래로 움직일 때, 그 날개들은 새의 날개처럼 퍼덕인다.

문제 해설 **1** (1) 정지해있는 것이 아닌 '움직이도록' 설계된 조형물이라고 했다. (1~2행)
(2) 마지막 단락의 예로 미루어 볼 때, 반드시 야외에 설치되어야 하는 것은 아님을 알 수 있다. (16~19행)

2 주어진 문장은 움직이는 조형물의 일반적인 설명이 끝나고, 바람에 회전하는 긴 금속 팔들이 있다는 등의 어떤 구체적인 작품에 관한 설명이 시작되는 부분인 ③에 오는 것이 가장 적절하다.

3 모터를 사용하고, 42개의 층이 함께 또는 따로 움직이며, 몇 초 동안 Franz Kafka의 얼굴을 보여주고 흩어지기를 반복한다고 했으므로 ③ '그것은 42개의 층으로 구성되어 있다'만 내용과 일치한다.
① 그것은 풍력을 이용해서 움직인다.   ② 그것은 여러 다른 얼굴을 보여준다.
④ 그것은 도는 것을 멈추지 않는다.   ⑤ 층들은 항상 함께 돈다.

4 단락 마지막 문장에서 손을 위아래로 움직이면 날개가 움직인다고 했으므로 빈칸에는 hand가 적절하다.

5 형용사로서 '정지한'의 의미와 부사로서 '여전히'의 의미를 가진 단어는 still이다. (1행)
- 대부분의 어린이들은 오랫동안 가만히 앉아 있을 수 없다.
- 그 책은 100년 전에 쓰여졌지만, 오늘날에도 여전히 인기가 있다.

구문 해설 01행 Most sculptures are **objects** [**that** only *stand still*].
- [ ]는 objects를 수식하는 주격 관계대명사절이다.
- stand still은 '정지해[가만히] 있다'의 의미이다. *cf.* stand + 보어: ~의 상태로 있다

14행 Then, **each layer moves** in a different direction, and the face comes apart.
- each(각각)는 항상 단수명사와 단수동사와 함께 쓰인다.

18행 When you move your hand up and down, the wings flap just like a **bird's**.
- bird's는 소유대명사(~의 것)로서 bird's wings와 같은 의미이다.

16 Airbnb

정답

1 ④　　**2** ④　　**3** ①　　**4** (Brian Chesky와 Joe Gebbia가) 집 거실을 아침 식사를 포함한 숙박 시설로 만든 것　　| *Summary* | travelers, cheaper, local, dislike

지문 해석　2007년에 룸메이트였던 Brian Chesky와 Joe Gebbia는 샌프란시스코에서 자신들의 집세를 낼 여유가 없었다. 그때, 그들은 자신들이 집에 있는 거실을 사용하지 않는다는 것을 깨달았다. 그들은 그것을 아침 식사를 포함한 숙박 시설로 만들 수 있는지에 대해 논의했다. 이것은 에어비앤비의 시작이었다.

2008년에 그들은 웹사이트를 만들었다. 그것은 여행자들을 자신들의 집을 임대하는 사람들과 연결해준다. 그것은 호텔 웹사이트처럼 운영된다. 당신은 방문하고 싶은 도시를 선택한다. 그리고 서로 다른 묵을 집들을 검색한다. 당신은 전용실이나 공용실을 선택할 수 있다. 당신은 또한 집 전체를 이용할 수도 있다.

그 회사는 매우 성공적이었다. 수백만 명의 여행자들이 그 사이트를 통해 방들을 예약해왔다. 사람들은 그것이 호텔에 묵는 것보다 종종 더 저렴하기 때문에 그 사이트를 좋아한다. 그것은 또한 여행자들이 한 장소를 현지인처럼 경험하게 해주기도 한다.

그렇지만 모두가 에어비앤비를 좋아하는 것은 아니다. 호텔들은 자신들의 사업에 해를 끼칠 수 있기 때문에 그 사이트를 싫어한다. 또 다른 사람들은 에어비앤비가 더 높은 집세로 이어질 것을 걱정한다. 그럼에도 불구하고, 그것은 전 세계의 많은 여행자들과 집주인들부터 환영 받아 왔다.

문제 해설　**1** 집을 여행자들을 위한 숙소로 임대할 수 있게 해주는 웹사이트인 에어비앤비에 관한 내용이므로 ④ '사람들이 집에 있는 방을 임대하게 해주는 웹사이트'가 가장 알맞다.

[문제] 글의 주제로 가장 알맞은 것은?

① 여행자들에게 당신의 집을 임대해주는 방법　　② 한 유명 여행 정보 웹사이트

③ 가장 성공적인 인터넷 회사들　　⑤ 호텔들이 더 이상 인기 없는 이유

2 에어비앤비는 전 세계 여행자들과 집주인들이 이용하므로 ④ '그것은 미국에서만 이용 가능하다'는 내용과 일치하지 않는다. (17~19행)

[문제] 에어비앤비에 관한 글의 내용과 일치하지 않는 것은?

① 그것은 샌프란시스코에서 시작되었다.

② 그것은 이용자들이 집 전체를 임대하게 해준다.

③ 그것은 호텔에서 묵는 것보다 더 저렴할 수 있다.

⑤ 어떤 사람들은 그것이 집세를 올릴 수도 있기 때문에 싫어한다.

3 ⓑ~ⓔ는 모두 에어비앤비 웹사이트를 가리키지만 ⓐ는 두 사람의 거실을 가리킨다.

[문제] 글의 밑줄 친 ⓐ~ⓔ 중, 가리키는 대상이 나머지 넷과 다른 것은?

4 This는 에어비앤비의 시작을 가리키므로, '(Brian Chesky와 Joe Gebbia가) 집 거실을 아침 식사를 포함한 숙박 시설로 만든 것'을 의미한다.

[문제] 글의 밑줄 친 (A) This가 가리키는 내용을 우리말로 쓰시오.

| *Summary* |

현지인	싫어한다	더 저렴한	여행자들

에어비앤비는 사람들이 그들의 집을 여행자들에게 임대하도록 해주는 웹사이트이다. 그 웹사이트에서 당신은 도시와 원하는 방의 종류를 선택한다. 여행자들은 그것이 호텔보다 더 저렴하기 때문에 좋아한다. 그들은 한 장소를 현지인처럼 경험할 수도 있다. 하지만 호텔들은 자신들의 사업에 해를 끼칠 수 있기 때문에 그 사이트를 싫어한다.

구문 해설

01행 In 2007, roommates Brian Chesky and Joe Gebbia could not **afford to pay** their rent in San Francisco.

　• 〈afford + to-v〉는 '~할 여유가 있다, ~할 형편이 되다'의 의미이다.

05행 It **connects** travelers **with** people *renting out their homes*.

　• 〈connect A with B〉는 'A를 B와 연결하다'의 의미이다.

　• renting out their homes는 people을 수식하는 현재분사구이다. people ~ homes는 '자신들의 집을 임대하는 사람들'의 의미이다.

07행 Then, you search for different homes **to stay in**.

　• to stay in은 형용사적 용법의 to부정사구로 homes를 수식하고 있다. homes to stay in은 '묵을 집들'의 의미이다.

12행 It also **allows travelers to experience** a place like a local.

　• 〈allow + 목적어 + to-v〉는 '~가 …하게 (허락)하다'의 의미이다.

---

focus On Sentences

p.056

Ⓐ　1 만지지 않고 연주하는 악기를 본적이 있는가?

　2 그는 좀 더 조심했어야 했다.

　3 바람이 불 때마다, 그 조형물들의 일부가 움직인다.

　4 그들은 그것을 아침 식사를 포함한 숙박 시설로 만들 수 있는지에 대해 논의했다.

Ⓑ　1 The theremin was used to make music for sci-fi movies.

　2 Although he is not the official mayor, he is a tourist attraction.

　3 It connects travelers with people renting out their homes.

Ⓒ　1 When you move your hand up and down, the wings flap just like a bird's.

　2 They create unique patterns that catch the eye.

　3 Brian Chesky and Joe Gebbia could not afford to pay their rent.

UNIT 05

Words & Phrases

p.059

A

1 회의, 회담	**2** tiny	**3** 현재	**4** main	**5** leave	**6** volunteer
7 발표	**8** 재료	**9** 다양(성), 종류		**10** origin	**11** 포식자
12 말, 구절	**13** translate	**14** expression	**15** 열대의	**16** 성인, 다 자란 동물	
17 몇몇의, 여럿의		**18** 짧게 하다	**19** 서식지	**20** dish	**21** 난쟁이
22 축복	**23** 신청(서)	**24** coast	**25** (찍어먹는) 소스		**26** 뼈대, 골격
27 누가 ~하든	**28** 양념을 한	**29** 등불, 손전등	**30** cave	**31** 멸종 위기의	**32** bat
33 혼합물	**34** talk	**35** 현대의	**36** mind	**37** 구운	**38** ~가 원산[태생]인
39 ~까지	**40** 무료로				

B

1 come in   **2** result in   **3** fill out   **4** is limited to   **5** with the help of

---

17 Mexican Food

p.060

> **정답**
> **1** ②   **2** (1) T   (2) F   **3** (1) c   (2) b   (3) a   **4** rice, meat, and cheese
> **5** Mexican, tropical fruits

지문 해석
대부분의 사람들이 멕시코 음식은 그저 타코라고만 생각한다. 사실 멕시코 음식에는 다양한 종류가 있다.
　오늘날의 멕시코 음식은 현지 음식들과 스페인 사람들이 가져온 음식들의 혼합물이다. 전통적인 멕시코 음식은 현지 재료들만 썼다. 옥수수, 콩, 아보카도, 고추가 가장 흔한 재료들이었다. 스페인 사람들은 멕시코에 새로운 재료들을 소개해주었다. 주된 것들은 쌀, 고기, 그리고 치즈였다. 시간이 지나면서 멕시코 사람들은 이 재료들을 자신들의 음식에 추가하기 시작했다. 프랑스, 중국, 그리고 다른 이민자들도 멕시코에 새로운 요리들을 가져왔다. 이것은 많은 새로운 종류의 요리들을 낳았다.
　오늘날 멕시코 음식에는 몇 가지 유형이 있다. 멕시코 거리 음식은 전 세계에서 유명하다. 그것은 고기, 채소, 치즈로 만든 음식을 콘쉘에 넣은 것을 포함한다. 몇몇 예로는 타코, 고르디따, 그리고 차루빠가 있다. 소스는 또 다른 흔한 멕시코 음식이다. 그 중 하나가 과카몰리이다. 그것은 으깬 아보카도와 토마토로 만들어진다. 쌀 요리들도 있다. 하나는 아로즈 콘 폴로이다. 그것은 양념을 한 밥에 구운 닭고기를 올린 것이다. 디저트로는 망고, 바나나, 파인애플 같은 즐길 수 있는 열대과일들이 있다.

문제 해설
1 역사적 배경과 함께 오늘날의 다양한 멕시코 음식에 대해 소개하는 글이므로 ② '다양한 종류의 멕시코 음식'이 가장 알맞다.
　① 전통 멕시코 음식
　③ 멕시코 음식은 왜 그렇게 인기 있는가
　④ 스페인 사람들이 멕시코 음식에 끼친 영향
　⑤ 멕시코 요리에 흔히 쓰이는 재료들

2 (1) 멕시코 음식은 스페인, 프랑스, 중국 등의 영향을 받았다. (6~9행)
　(2) 옥수수는 콩, 아보카도, 고추와 함께 멕시코 현지 재료이다. (4~6행)
　(1) 멕시코 음식은 다른 문화권들에 의해 영향을 받아왔다.
　(2) 옥수수는 스페인으로부터 들여온 재료이다.

3 타코는 고르디따, 차루빠 등과 함께 멕시코 길거리 음식 중 하나이며, 과카몰리는 으깬 아보카도와 토마토로 만들어진 소스이다. 아로즈 콘 폴로는 닭고기를 얹은 밥을 가리킨다. (11~18행)

4 these ingredients는 문맥상 스페인에서 들여온 재료들, 즉 rice, meat, and cheese를 가리킨다.

5 멕시코 디저트들은 망고와 바나나 같은 열대과일들이 포함된다.

구문 해설

01행 **The truth is that** Mexican food has many varieties.
• the truth is that은 '사실은 ~이다'라는 의미이다. that절은 명사절로서 is의 보어로 쓰였다.

09행 This **resulted in** many new types of dishes.
• result in은 '(결과로) ~을 낳다'의 의미이다. *cf.* result from + 원인: ~에서 비롯되다

12행 It includes food **made with** meat, vegetables, and cheese inside a corn shell.
• made with는 '(재료를) ~로 만든'의 의미이다. made with 이하가 food를 수식하고 있다.

18 TED Talks

p.062

정답

1 ④ **2** ④ **3** ③ **4** to spread ideas to change the world

| *Summary* | talks, different, attend, online

지문 해석

TED는 1984년에 한 강연회로서 시작되었다. 처음에 그것은 단지 기술, 오락, 디자인에 관한 것이었다. 오늘날 그것은 거의 모든 주제를 다룬다. 그것은 이제 가장 인기 있는 강연회들 중의 하나이다.

TED 강연회는 캐나다 밴쿠버에서 일년에 한번 열린다. 그 강연회의 목적은 세상을 바꾸는 생각들을 퍼뜨리는 것이다. TED 강연은 TED 강연회에서 이뤄지는 발표이다. 매년 50여명의 연사들이 이 5일간의 강연회에서 다양한 주제들에 관한 강연을 한다. 몇몇 유명한 TED 연사로는 Bill Clinton과 Bill Gates, Jane Goodall이 있다. 연사가 누구든지, 각 강연은 18분으로 엄격하게 제한된다.

당신이 TED에 참석하고 싶다면, 신청서가 작성되어야 한다. 선정이 되면 당신은 참석하기 위해서 8,500달러를 지불해야 한다. 다행히 TED 강연들 온라인에서 무료로 이용 가능하다. 자원봉사자들의 도움으로 그것들은 많은 다른 언어들로 번역된다. 현재 2,300여 개의 강연들이 온라인에 있다. TED 덕분에 전 세계 사람들은 세계에서 가장 위대한 지성인들로부터 배울 수가 있다.

문제 해설

1 세상을 바꾸는 생각들을 퍼뜨리는 것이 목적인 TED 강연회의 이모저모를 소개하는 글이다. 따라서 ④ '중요한 생각들을 공유하는 강연회'가 가장 알맞다.
① 훌륭한 연설을 하는 방법
② 연설들을 번역해주는 웹사이트
③ TED 강연들이 인기 있는 이유
⑤ Bill Clinton과 Bill Gates의 연설들

2 TED 강연회에 참석하는 방법만 나왔을 뿐, 연사들을 선정하는 방법은 언급되지 않았다.
① 그것은 언제 시작되었는가? (1행)
② 그것은 어디에서 열리는가? (4행)
③ 그것은 얼마나 자주 열리는가? (4행)
④ 연사들을 어떻게 선정되는가? (언급되지 않음)
⑤ 며칠 동안 열리는가? (7행)

3 현재는 거의 모든 주제를 다룬다고 했다. (2행)

4 5행에 TED 강연회의 목적이 언급되어 있다.
Q: TED 강연회의 목적은 무엇인가?
A: 그것은 세상을 바꾸는 생각들을 퍼뜨리는 것이다.

| Summary |

| 연설 | 온라인 | 참석하다 | 다른 |

TED 강연회는 1984년에 시작되었다. 매년 50명 이상의 연사들이 그 강연회에서 <u>연설</u>을 한다. 비록 TED는 기술, 오락, 디자인을 의미하지만 그것은 많은 <u>다른</u> 주제들을 다룬다. 강연회에 <u>참석</u>하려면 비용이 많이 든다. 하지만 강연들은 <u>온라인</u>에서 무료로 이용 가능하다. 이런 식으로 사람들은 세계의 가장 위대한 지성인들로부터 배울 수가 있다.

구문 해설

05행 The purpose of the conference is **to spread** ideas *to change* the world.

- to spread는 주격보어로 쓰인 명사적 용법의 to부정사로 '퍼뜨리는 것'으로 해석한다.
- to change는 ideas를 수식하는 형용사적 용법의 to부정사이다. to spread ~ world는 '세상을 바꾸는 생각들을 퍼뜨리는 것'의 의미이다.

09행 **Whoever** the speaker is, each talk *is* strictly *limited to* 18 minutes.

- whoever는 명사절에서는 '~하는 누구나', 부사절에서는 양보의 의미로 '누가 ~하든지'의 의미로 쓰인다. 위 문장에서는 부사절에 쓰였다. (e.g. You can invite **whoever** you like. 당신은 원하는 누구나 초대해도 좋다.)
- be limited to는 '~로 제한되다'의 의미이다.

11행 If you want to attend TED, an application *must **be filled out***.

- fill out은 '작성하다'의 의미이다. 주어가 an application(지원서)이므로 수동태(be filled out)로 쓰였다.
- 조동사의 수동태는 〈조동사 + be + p.p.〉로 나타낸다. must be filled out은 '작성되어야 한다'의 의미이다.

19 The Tiniest Animals in the World

p.064

| 정답 | **1** ③ | **2** ④ | **3** ④ | **4** there are few predators that deep under water | **5** habitat |

지문 해석 동물들은 모양과 크기가 각양각색이며, 일부 작은 것들은 정말로 작다. 여기 여러 가지 종들의 가장 작은 동물들 몇 가지가 있다.

난쟁이 원숭이는 세계에서 가장 작은 원숭이들 중 하나이다. 그것은 남미가 원산지이며 주로 브라질, 콜롬비아, 페루에서 발견된다. (고릴라와 오랑우탄은 사실 영장류이며 원숭이가 아니다.) 다 자란 것들은 대개 키가 14에서 16센티미터이며 무게는 120에서 140그램 사이이다. 그들은 16년까지 살 수 있다.

다음은 난쟁이 등불 상어이다. 그것은 길이가 17센티미터밖에 되지 않는다. 이 아주 작은 상어는 콜롬비아와 베네수엘라 근해에서 산다. 그것은 대개 해저 280미터 이상에서 지낸다. 그렇게 깊은 물속에는 포식자가 거의 없다. 그 상어는 또한 뼈가 없다. 그것의 뼈대는 연골로 만들어져 있다.

태국은 세계에서 가장 작은 박쥐의 서식지이다. 그것은 호박벌 박쥐라고 불린다. 그것은 단지 4센티미터까지 자라며 무게는 2그램밖에 되지 않는다. 그 박쥐는 최대 100마리씩 무리 지어서 강 근처의 동굴에서 사는 것을 좋아한다. 안타깝게도, 그것은 서식지가 파괴되고 있기 때문에 멸종 위기에 처해 있다.

문제 해설

1 난쟁이 원숭이를 소개하는 단락이므로 고릴라와 오랑우탄에 대한 일반적인 설명을 하는 (c)는 글의 흐름에 맞지 않는다.

2 빈칸 앞은 호박벌 박쥐의 일반적인 특성을, 빈칸 뒤는 호박벌 박쥐가 멸종 위기에 처해있다는 내용을 언급하고 있으므로 빈칸에는 ④ '안타깝게도'가 가장 알맞다.

① 그 대신　② 그러므로　③ 예를 들어　⑤ 다시 말해서

3 100마리씩 무리 지어 산다는 내용만 있을 뿐, 수명에 관한 언급은 없다.

① 태국에서 산다.　　　　　　　② 난쟁이 원숭이보다 더 작다.

③ 무리 지어 산다.　　　　　　　④ 100살까지 산다.

⑤ 멸종 위기에 처한 박쥐 종이다.

4 난쟁이 등불 상어가 사는 곳에는 포식자가 거의 없다고 했다. (10~11행)

　Q: 난쟁이 등불 상어가 깊은 물 속에서 사는 것은 왜 더 안전한가?

　A: <u>그렇게 깊은 물속에는 포식자가 거의 없기</u> 때문에

5 '식물이나 동물의 자연적인 집'의 의미를 가진 단어는 habitat(서식지)이다. (17행)

구문 해설

01행　Animals **come in all shapes and sizes,** and some small can be really small.

　・come in은 '~로 나오다[되어 있다]'의 의미로 come in all shapes and sizes는 '모양과 크기가 각양각색이다[다양하다] 정도의 의미이다.

04행　It is **native to** South America and is mainly found in Brazil, Colombia, and Peru.

　・native to는 '~가 원산[태생]인'의 의미이다.

10행　There are **few** predators *that* deep under water.

　・few는 '거의 없는'의 의미이다. *cf.* a few: 약간의

　・that은 형용사와 부사를 강조하여 '그렇게, 그 정도'의 의미로 쓰일 수 있다.

16행　Unfortunately, it is endangered because its habitat **is being destroyed**.

　・〈be being p.p.〉는 진행형 수동태로서 '~되고 있다'의 의미이다.

20 Goodbye!

p.066

정답　　**1** ①　　**2** ③　　**3** ④　　**4** God be with ye　　**5** God be with you

지문 해석　누군가 떠날 때마다 당신은 보통 잘 가라고 말한다. 하지만 무엇이 떠나는 것을 좋은 일로 만드는가? 우리는 왜 잘 가라고 하는가?

고대 영어에서 사람들은 잘 가라고 말하지 않았다. 그 대신 그들은 "Beo gesund."라고 말하곤 했다. 이것은 "건강해" 또는 "안전하게 지내"를 의미한다. 11세기 이후에 영어는 변하기 시작했다. 14세기 즈음에 사람들이 누군가가 떠날 때 새로운 말을 사용하기 시작했다. 그들은 주로 "God be with ye"라고 말하곤 했다 이것은 현대 영어로 "신이 당신과 함께 하기를"을 의미한다.

1570년경에 "God be with ye"라는 말은 바뀌기 시작했다. (B) 사람들은 이 말의 축약형인 "Godbwye"를 쓰기 시작했다. (A) 시간이 지남에 따라, 이 말은 훨씬 더 짧아져서 "Godbwy"가 되었다. (C) 16세기 말 즈음에 이 말은 다시 바뀌었다. 사람들은 오늘날 우리가 하는 것처럼 "Goodbye"라고 말하기 시작했다. 그 말은 "good morning"과 "good day"라는 표현에서 왔다고 믿어진다.

그러므로 다음에 당신이 "잘 가"라고 말할 때, 그 말의 기원이 사실은 축복임을 기억하라.

문제 해설

1 빈칸 앞은 고대 영어에서는 "잘 가"라고 말하지 않았다고 나오고, 빈칸 뒤에는 "잘 가" 대신 말한 것이 나오므로 ① '그 대신에'가 가장 알맞다.

[문제] 글의 빈칸에 들어갈 말로 가장 알맞은 것은?

② 게다가　　　③ 우선　　　④ 결과적으로　　　⑤ 다시 말해서

2 단락 첫 문장에서 "God be with ye"라는 표현이 바뀌기 시작했다고 했으므로 어떻게 바뀌었는지를 설명하는 (B)가 오고, 그것이 더 짧게 축약되었다는 (A)가 이어져야 한다. (C)는 다음 내용의 도입에 해당하므로 (B)-(A)-(C)의 흐름이 자연스럽다.

[문제] (A)~(C)를 글의 흐름에 알맞게 배열한 것은?

3 오늘날 "Goodbye"가 되기까지의 과정에 대해 설명하고 있으며, 다른 표현들에 대해서는 언급되지 않았다.

[문제] 글을 읽고 답할 수 <u>없는</u> 질문은?

① 11세기 이전에는 사람들이 작별인사를 어떻게 했는가? (6~8행)

② "beo gesund"는 현대 영어로 무슨 뜻인가? (8~9행)

③ 사람들은 언제 "goodbye"라고 말하기 시작했는가? (16~17행)

④ "goodbye"를 말하는 어떤 다른 방법들이 있는가? (언급되지 않음)

⑤ "God be with ye"라는 말은 어떻게 축약되었는가? (13~15행)

4 바로 다음 문장에 a new phrase의 내용, 즉 "God be with ye."라는 말을 썼다는 설명이 나온다. (11행)

[문제] 글의 밑줄 친 <u>a new phrases</u>가 가리키는 것을 글에서 찾아 쓰시오.

5 [문제] 다음 빈칸에 알맞은 단어를 글에서 찾아 쓰시오.

"Goodbye"는 고대 영어 "God be with ye"라는 말에서 유래했는데, 이것은 "God be with you(신이 당신과 함께 하기를)"를 의미한다.

구문 해설

03행 But what **makes leaving a good thing**?
- 〈make + 목적어 + 명사(보어)〉는 '~을 …로 만들다'의 의미이다.

08행 Instead, they **would** say, "Beo gesund."
- 조동사 would는 과거의 습관이나 반복적인 일을 나타내어 '~하곤 했다'로 해석한다.

14행 **As** time passed, the phrase was shortened even more to "Godbwy."
- as는 '~함에 따라'의 의미로 쓰였다. 접속사 as는 이외에도 이유(~ 때문에), 시간(~할 때), 방법(~하는 대로) 등 다양한 의미를 갖는다.

16행 People began saying, "Goodbye," just **like** we do today.
- like는 접속사로서 '~처럼, ~같이'의 의미로 쓰였다.

17행 **It is believed that** the phrase came from the expressions "good morning" and "good day."
- it is believed that은 '~라고 믿어진다'의 의미이다.
  = **People believe that** the phrase came from the expressions ~.
  = The phrase **is believed to** have come from the expressions ~.

focus On Sentences

p.068

(A) **1** 사실 멕시코 음식에는 다양한 종류가 있다.

2 당신이 TED에 참석하고 싶다면, 신청서가 작성되어야 한다.

3 안타깝게도, 그것은 서식지가 파괴되고 있기 때문에 멸종 위기에 처해 있다.

4 그 말은 "good morning"과 "good day"라는 표현에서 왔다고 믿어진다.

(B) **1** Mexican food today is a mixture of local foods and <u>foods brought by the Spanish</u>.

2 The purpose of the conference is <u>to spread ideas to change the world</u>.

3 <u>Whoever the speaker is</u>, each talk is strictly limited to 18 minutes.

(C) **1** This <u>resulted in</u> many new types of dishes.

2 <u>With the help of</u> volunteers, they are translated into many different languages.

3 They can live <u>up to</u> 16 years.

Words & Phrases

A

1 desert	**2** 기쁨, 즐거움	**3** 다시 만들다	**4** 10억	**5** 구하다, 절약하다

6 완성하다, 끝마치다　　　**7** 영감을 주다; 고무[격려]하다　**8** 참가자　**9** 비평가

10 현실적인, 실현 가능한　**11** 실적, 성과　**12** complaint　**13** avoid

14 (상품을) 내놓다, 팔다　**15** double　**16** accident　**17** 방송망　**18** 황제

19 recently　**20** 침략자　**21** 논란　**22** site　**23** 줄다, 줄이다 **24** 왕족

25 방송하다　**26** disappear　**27** improvement　**28** previous　**29** damage

30 운전자가 없는　**31** live　**32** 의식　**33** fewer　**34** temple

35 급격히　**36** 구식의　**37** 살을 빼다　**38** July　**39** 위험에 처한 **40** 결국 ~하다

B　**1** go on a diet　**2** is divided into　**3** have to do with　**4** by themselves　**5** In addition to

---

21 Remaking Barbie

정답　**1** ③　　**2** (1) T　(2) F　　**3** ⑤　　**4** body types, skin tones
5 새로운 바비 인형들이 많은 직업들을 갖게 된 것

지문 해석　바비 인형은 1959년에 처음 만들어졌다. 그것은 여자 아이들을 대상으로 한 최초의 장난감이었다. (B) 다 합쳐서, 10억 개 이상의 바비 인형들이 판매되었다. (C) 하지만 2014년에는 판매량이 급격히 떨어졌었다. (A) 판매량을 개선하기 위해, 바비를 만드는 회사는 그녀를 다시 만들고 있다.

바비는 수년간 논란을 일으켜왔다. 그녀에 관한 흔한 불평은 그녀의 비현실적인 몸매이다. 비평가들은 바비의 극도로 마른 몸이 여자 아이들로 하여금 자신들에 대해 부정적으로 느끼게 만든다고 생각한다. 그것은 그들이 살을 빼기 위해 다이어트를 하게 만들 수 있다. 어떤 사람들은 바비가 여자 아이들에게 덜 영리한 것처럼 행동하도록 가르친다고도 생각한다. 한때 바비 인형에는 "수학 시간은 힘들어!"라고 말하는 목소리가 녹음되어 있었다.

이런 이유들 때문에 바비는 바뀌고 있다. 그녀의 몸매는 더 현실적이 되었다. 이제 바비는 원래의 것과, 큰 키, 작은 키, 그리고 통통한 체형으로 나온다. 새로운 체형들 외에도, 그 인형들은 여러 다양한 피부색, 눈 색, 머리 모양들을 가지고 있다. 새로운 바비 인형들은 많은 직업들도 갖고 있다. 이것은 희망컨대 여자 아이들이 자신들의 꿈을 좇도록 고무할 것이다.

바비는 구식이었다. 하지만 이런 변화들과 함께 바비는 다시 여자 아이들이 가장 좋아하는 장난감이 될지도 모른다.

문제 해설　**1** (C)는 판매량이 급격히 떨어졌다는 내용이 But과 함께 쓰였으므로, 판매량이 좋았다는 내용인 (B)가 (C) 앞에 올 수 있다. 반면 (A)는 판매량 부진에 대한 대응책이므로 (C) 뒤에 오는 것이 자연스럽다. (B)-(C)-(A)

2 (1) 사람들은 바비의 몸매가 비현실적이라고 불평했다. (5~6행)

(2) 주어진 문장은 예전 바비에 대한 진술이다. (8~10행)

(1) 사람들은 바비가 보통의 여성들처럼 보이지 않는다고 불평했다.

(2) 새로운 바비는 여자 아이들로 하여금 덜 영리한 것처럼 행동하도록 가르친다.

3 과거 비현실적인 몸매와는 달리, 빈칸 이후에 바비 인형의 체형이 작거나 통통한 체형을 포함해 다양해졌다는 내용이
나오므로 ⑤ '더 현실적인'이 가장 알맞다.

　　① 더 큰　　　　　② 더 마른　　　　　③ 더 단순한　　　　　④ 더 완벽한

4 새로운 바비 인형은 다른 <u>피부색</u>, 눈 색, 머리 모양들뿐만 아니라 네 개의 다른 <u>체형들</u>로 나온다.

5 This는 여자 아이들이 꿈을 좇도록 고무하는 것으로, 앞 문장 내용인 '새로운 바비 인형들이 많은 직업들을 갖게 된 것'
을 의미한다.

구문 해설　03행　In total, more than one billion Barbie dolls **have been sold**.

　　　　　　　• have been sold는 현재완료 수동태(have been p.p.)로 '(현재까지) 판매되었다'의 의미이다.

　　　　　　05행　Barbie **has caused** controversy **for many years**.

　　　　　　　• 현재완료(have + p.p.)가 'for + 기간'과 함께 쓰이면 과거부터 지금까지 '(계속해서) ~해왔다'는 의미를 나타낸다.

　　　　　　06행　Critics feel that Barbie's extremely thin body **makes girls feel** bad about themselves.

　　　　　　　• 〈make + 목적어 + 동사원형〉은 '~을 …하게 만들다'의 의미이다.

　　　　　　11행　For these reasons, Barbie **is being changed**.

　　　　　　　• 〈be being p.p.〉는 진행형 수동태로서 '~되고 있다'의 의미이다.

　　　　　　15행　This will hopefully **inspire girls to follow** their dreams.

　　　　　　　• 〈inspire + 목적어 + to-v〉는 '~가 …하도록 고무[격려]하다'의 의미이다.

22　The Lost City of the Incas

> **정답**　**1** ③　　**2** (1) F　(2) T　　**3** ④　　**4** ⓐ the Incas　ⓑ The Spanish
> **5** Spanish, Inca, Machu Picchu

지문 해석　마추픽추는 페루 고산 지대에 있는 고대 도시이다. 그것은 15세기에 잉카 황제를 위해 지어졌다. 약 200채의 건
물들이 그 자리에 있다. 그것들은 상부와 하부 마을로 나누어진다. 왕족은 상부 마을에서 살았다. 일꾼들은 하
부 마을에서 살았다. 세 개의 중요한 건축물들도 있다. 하나는 인티 와타나이다. 이것은 잉카인들이 의식을 위
해 사용한 석조 구조물이다. 다른 하나는 태양의 신전이다. 나머지 하나는 세 창문의 신전이다. 모두가 잉카의
태양신을 기리기 위해 지어졌다.

　　놀랍게도, 잉카인들은 마추픽추를 약 100년 동안만 사용했다. 그들은 아마도 스페인 침략자들을 피하기 위해
떠났을 것이다. 스페인 사람들은 많은 잉카 사원들을 파괴했다. 다행히도, 그들은 그 도시를 결국 찾지 못했다.
1983년에 마추픽추는 유네스코 세계 문화 유산 보호지역이 되었다. 하지만 마추픽추는 여전히 위험에 처해 있
다. 수천 명의 관광객들이 매년 이 곳을 방문하여 건물들을 손상시킨다. 우리가 조심하지 않는다면 마추픽추는
어느 날 사라질지도 모른다.

문제 해설　**1** 잉카 제국의 고대 도시인 마추픽추를 소개하는 글이므로 ③ '잉카 제국의 역사적인 도시'가 가장 알맞다.

　　　　① 고대 잉카의 사회 계층　　　　　　　② 페루의 인기 있는 관광 명소들
　　　　④ 스페인의 잉카 제국 침략　　　　　　⑤ 위험에 처한 유네스코 세계 문화 유산 보호지역들

　　　　2 (1) 스페인 사람들은 마추픽추를 발견하지 못했다. (11~12행)

　　　　　　(2) 왕족들은 상부 마을에, 일꾼들은 하부 마을에 살았다. (3~4행)

　　　　　　(1) 스페인 사람들은 마추픽추의 많은 건물들을 파괴했다.

　　　　　　(2) 왕족과 일꾼들은 따로 살았다.

　　　　3 마추픽추가 언제 다시 발견되었는지는 언급되지 않았다.

　　　　　　① 그것은 언제 지어졌는가? (1~2행)

28　내공 중학영어독해 실력 1

② 거기엔 얼마나 많은 건물들이 있는가? (2~3행)

③ 인티 와타나는 무엇인가? (5~6행)

④ 그것은 언제 다시 발견되었나? (언급되지 않음)

⑤ 그것은 오늘날 왜 위험에 처해 있는가? (13~15행)

4 ⓐ는 스페인 침략자를 피해 떠난 사람들이므로 앞 문장의 the Incas를, ⓑ는 마추픽추를 끝내 찾지 못한 사람들로 앞 문장의 The Spanish를 가리킨다.

5 스페인 사람들은 잉카 제국을 침략했지만, 마추픽추를 발견하지는 못했다.

구문 해설 **01행** Machu Picchu is **an old city** [**(that[which] is)** high in the mountains of Peru].

- [ ]는 an old city를 수식하는 관계대명사절이다. 〈관계대명사 + be동사〉는 생략이 가능하므로 형용사구인 high in the mountains of Peru만 남았다.

03행 They **are divided into** an upper and lower town.

- 〈be divided into〉는 '~로 나누어지다'의 의미이다.

05행 This is a stone structure **used for rituals by the Incas**.

- used ~ Incas는 a stone structure를 수식하는 과거분사구이다.

11행 Fortunately, they did not **end up finding** the city.

- 〈end up -ing〉는 '결국 ~하다'의 의미이다.

23 Self-Driving Cars

p.076

정답 **1** ① **2** (1) F (2) F **3** ④ **4** 컴퓨터가 더 작고 강력해진 것, 차를 조종하는 인공지능이 더 똑똑해진 것 | *Summary* | driverless, complete, improved, accidents

지문 해석 2004년에 미국 정부는 최고의 자율주행차를 찾기 위해 대회를 열었다. 그 차들은 사막을 횡단하는 코스를 혼자 힘으로 완주해야 했다. 그 차들 대부분은 카메라들과 큰 컴퓨터들이 달려 있었다. 하지만 그것들 중 아무것도 그 코스를 완주할 수 없었다.

그때 이후로 자율주행 기술은 아주 많이 개선되어왔다. 컴퓨터들은 더 작고 강력해졌다. 차를 조종하는 인공지능은 더 똑똑해졌다. 이런 개선들 때문에 자율주행차들은 훨씬 더 현실적이 되고 있다.

많은 사람들이 모두를 위해 무인 자동차들을 만들고 싶어 한다. 그 중 한 사람은 Elon Musk이다. 그의 회사인 Tesla는 자율주행차를 개발했다. 그는 자율주행차가 80퍼센트까지 사고를 줄일 것이라고 믿는다. 그것들은 매년 수천 명의 목숨을 구하고 수백만 달러를 절약할 것이다. 자동차 사고가 더 줄어들면, 더 적은 사람들이 운전 중에 부상을 당하거나 죽게 될 것이다.

무인자동차는 아직 완벽하지 않다. 구글사의 자동차들 중 하나는 최근에 사고를 냈다. 그것은 저속에서 버스에 부딪혔다. 아무도 다치지 않았다. 하지만 그 사고는 정부가 무인자동차를 도로에 빠른 시일 내에 허용하지는 않을 것임을 의미한다.

문제 해설 **1** 카메라와 큰 컴퓨터를 장착했음에도 코스를 완주한 차가 없었다는 것은 역접의 관계에 해당하므로 ① '그러나'가 가장 알맞다.

② 게다가 ③ 결과적으로 ④ 다행히도 ⑤ 예를 들어

2 (1) 구글사의 자동차가 최근에 사고를 냈다고 했다. (16~17행)

(2) 언급된 바 없으며, 오히려 빠른 시일 내에 허용되기는 힘들 것이라고 했다. (19~22행)

(1) 그것들은 한번도 사고를 일으킨 적이 없다.

(2) 그것들은 일부 국가의 도로에서 주행이 허용된다.

3 Elon Musk는 자율주행차가 사고를 80퍼센트까지 낮춰줄 것이라고 했으므로 ④ '그는 자율주행차가 일반 자동차보다 더 안전하다고 생각한다'가 가장 알맞다.

① 그는 자율주행차를 개발하는 것에 관해 부정적이다.
② 그는 자율주행차를 개발하는 데 관심이 없다.
③ 그는 자율주행차는 결코 사고를 내지 않는다고 믿는다.
⑤ 그는 자사 차들이 구글사의 차들보다 더 낫다고 생각한다.

4 바로 앞 두 문장에 자율주행 기술의 개선 사항들이 언급되어 있다. (6~7행)

| *Summary* |

완주하다　　　　사고들　　　　개선되었다　　　　무인의

2004년에 미국 정부는 최고의 무인 자동차를 찾기 위해 대회를 열었다. 하지만 그 차들 중 어떤 것도 그 코스를 완주할 수 없었다. 오늘날 자율주행차는 많이 개선되었다. Tesla와 같은 회사들은 모두를 위한 무인자동차를 만들고 싶어 한다. 그것들은 매년 사고들을 줄이고 수천 명의 목숨을 구할 수 있을 것이다.

구문 해설

02행　The cars needed to complete a course across the desert **by themselves**.
　　• by oneself는 '혼자(alone)' 또는 '혼자 힘으로(without help)'의 의미이다.

03행　However, **none of** them *was able to complete* the course.
　　• none of는 '~중 아무(것)도 …않다'의 의미로 전체부정을 할 때 쓴다.
　　(= However, any of them wasn't able to complete the course.)
　　• 〈be able to + 동사원형〉은 '~할 수 있다'의 의미이다.

06행　The artificial intelligence **controlling cars** has become smarter.
　　• controlling cars는 The artificial intelligence를 수식하는 현재분사구이다.

12행　They will **save** thousands of lives and millions of dollars a year.
　　• save는 '구하다'와 '절약하다'의 의미로 쓰였다.

13행　With fewer car accidents, fewer people **will be injured or killed** *while (they are) driving*.
　　• 조동사의 수동태는 〈조동사 + be + p.p.〉로 나타낸다. will be injured or killed는 '부상을 당하거나 죽게 될 것이다'의 의미이다.
　　• while 뒤에 they are가 생략되었다. 주절의 주어와 같을 때 부사절의 〈주어 + be동사〉는 종종 생략된다.

24 The World's Fastest Eaters
p.078

| 정답 | **1** ② | **2** ③ | **3** ⑤ | **4** (eating) 50 hotdogs | **5** Chowdown, kimchi, six |

지문 해석　매일 당신은 음식을 먹는다. 하지만 어떤 사람들에게 먹는 것은 단지 즐거움만은 아니다. 그것은 스포츠이다!
　먹기 대회, 또는 빨리 먹기는 미국 지역 축제들의 파이 먹기 대회에서 유래한다. 오늘날 가장 큰 대회들 다수가 미국에서 열린다. 가장 유명한 것들 중 하나는 Nathan 핫도그 먹기 대회이다. (핫도그는 많은 나라에서 즐긴다.) 그 대회는 1916년에 시작했으며, 매년 7월 4일 뉴욕에서 개최된다. 참가자들은 10분 안에 가능한 한 많은 핫도그들을 먹어야 한다. 다른 대회로는 한인타운의 Chowdown(많이 먹기)이 있다. 이 대회는 시카고의 한인타운에서 열린다. 참가자들에게는 가장 많은 김치를 먹기 위해 6분이 주어진다. 최근의 기록은 거의 4킬로그램이다.
　최근에 먹기 대회 행사는 더 많은 인기를 얻게 되었다. 이것은 이름이 Takeru Kobayashi인 한 일본 남성과 관계가 있다. 2001년에 23살의 Kobayashi는 Nathan 대회에서 50개의 핫도그를 먹었다. 이것은 전년도 기록의 두 배였다. 그의 실적은 그 대회를 더 인기 있게 만들었다. 2004년부터 스포츠 방송망인 ESPN은 Nathan 대회를 생방송으로 중계해오고 있다. 그것은 그 방송망에서 가장 많이 시청되는 프로그램들 중 하나이다. 매년 백만 명 이상의 사람들이 그것을 시청한다.

문제 해설

1 빨리 먹기 대회들을 예를 들어 소개하고 있으므로 ② '음식을 빨리 먹는 대회들'이 가장 알맞다.

[문제] 글의 주제로 가장 알맞은 것은?

① 각종 대회의 기록 보유자들   ③ 독특한 대회를 가진 나라들

④ 일본의 유명한 먹기 대회 선수   ⑤ Nathan 핫도그 먹기 대회의 인기

2 미국의 빨리 먹기 대회들에 관한 설명이므로 핫도그에 대한 일반적인 내용인 (c)는 글의 흐름과 관계 없다.

[문제] 글의 (a)~(e) 중, 전체 흐름과 관계 <u>없는</u> 문장은?

3 우승자에게 어떤 상이 주어지는지에 관한 언급은 없다.

[문제] 글을 읽고 Nathan 핫도그 먹기 대회에 관해 답할 수 <u>없는</u> 질문은?

① 언제 시작되었는가? (7행)

② 어디서 개최되는가? (7~8행)

③ 참가자들은 대회에서 무엇을 해야 하는가? (8~9행)

④ 2001년 우승자는 누구였는가? (15~16행)

⑤ 대회 우승 상은 무엇인가? (언급되지 않음)

4 This는 대회 기록을 가리키는 것으로 바로 앞 문장에서 언급된 핫도그 50개를 의미한다.

[문제] 글의 밑줄 친 ⓐ This가 의미하는 내용을 영어로 쓰시오.

5 [문제] 다음 빈칸에 알맞은 단어들을 글에서 찾아 쓰시오.

시카고 한인타운의 <u>Chowdown</u>에서는 <u>6</u>분 안에 가장 많은 <u>김치</u>를 먹는 참가자가 우승자이다.

구문 해설

08행 Participants must eat **as many hotdogs as possible** in ten minutes.

• 〈as + many/much + 명사 + as possible〉은 '가능한 많은 ~'의 의미이다.

13행 This **has to do with** a Japanese man [*whose* name is Takeru Kobayashi].

• have to do with는 '~와 관계가 있다'의 의미이다.

• [ ]는 a Japanese man을 수식하는 소유격 관계대명사절이다. 선행사(a Japanese man)와 그 뒤에 나오는 명사(name)가 '소유'의 관계를 이룰 때 소유격 관계대명사 whose를 사용한다.

17행 His performance **made the event more popular**.

• 〈make + 목적어 + 형용사〉는 '~을 …하게 만들다'의 의미이다.

focus On Sentences

p.080

Ⓐ **1** 다 합쳐서, 10억 개 이상의 바비 인형들이 판매되었다.

2 차를 조종하는 인공지능은 더 똑똑해졌다.

3 참가자들은 10분 안에 가능한 많은 핫도그들을 먹어야 한다.

4 이것은 이름이 Takeru Kobayashi인 한 일본 남성과 관계가 있다.

Ⓑ **1** Barbie <u>teaches girls to act less smart</u>.

2 <u>In addition to the new body types</u>, the dolls include many different skin tones.

3 Fortunately, they <u>did not end up finding the city</u>.

Ⓒ **1** It could make them <u>go on diets</u> to lose weight.

2 They <u>are divided into</u> an upper and lower town.

3 The cars needed to complete a course across the desert <u>by themselves</u>.

UNIT 07

Words & Phrases

A						
	1 칭찬	**2** 실험	**3** 모기	**4** 인종의	**5** 공급하다	**6** resource
	7 병, 질병	**8** 차별	**9** 치명적인	**10** float	**11** tie	**12** attract
	13 muscle	**14** 화[짜증]나게 하다		**15** raise	**16** 상	**17** 고아원
	18 physics	**19** 기숙사	**20** 필요로 하다	**21** biology	**22** chemicals	**23** 얼굴; 직면하다
	24 치료 가능한	**25** used	**26** 배출	**27** recycle	**28** 주장하다	**29** 결국, 마침내
	30 비판	**31** 화학	**32** magnet	**33** 추출하다, 얻다		**34** fat
	35 문학	**36** certain	**37** 세제	**38** 실험실	**39** scholarship	**40** 공학

B					
	1 are allowed to	**2** for now	**3** come up with	**4** be able to	**5** in spite of

---

25 Jesse Owens

정답	**1** ②	**2** ②	**3** ④	**4** the German race was the best	**5** tie

지문 해석   Jesse Owens는 아프리카계 미국인 올림픽 육상선수였다. 오늘날 그는 이제까지 가장 위대했던 선수들 중 한 명으로 여겨진다. 그는 비록 <u>많은 어려움들이 있었</u>지만 매우 성공했다.

     Owens는 중학교 때 달리기에 흥미를 갖게 되었다. 그는 자신의 가족을 돕기 위해 시간제로 일을 해야 했다. 그래서 그의 코치는 그를 학교가 시작하기 전에 연습을 하게 했다. 고등학교 때 Jesse는 이미 세계적 수준의 선수였다. 시카고에서 열린 1933년 전미고교선수권 대회에서 그는 100야드 단거리 경주에서 9.4초의 세계 기록과 동점을 이루었다.

     오하이오 주립대학교에 다닐 때, Jesse는 계속해서 기록들을 깼다. 그는 전미대학선수권 대회의 여덟 개 종목에서 우승을 했다. 아무도 이 기록을 깬 적이 없다. 1935년 또 다른 대회에서 그는 한 시간 안에 세 개의 세계 기록들을 깨고 네 번째는 세계 기록과 동점을 이뤘다. <u>그의 훌륭한 재능에도 불구하고 Owens는 인종차별에 직면했었다.</u> 그는 장학금을 받지 못했다. 그는 교내 기숙사에 사는 것조차도 허용되지 않았다.

     1936년 베를린 올림픽에서 Owens는 네 개의 금메달을 땄다. 일부 사람들은 Owens의 성공이 Adolf Hitler를 화나게 했다고 생각한다. Hitler는 독일 민족이 가장 우수하다고 주장했다. 하지만 Jesse Owens는 Hitler가 틀렸다는 것을 보여주었다.

문제 해설   **1** 빈칸 이후에 Jesse Owens가 겪은 어려움과 성과에 대한 내용이 이어지므로 ② '많은 어려움들이 있었다'가 적절하다. ①, ③, ④, ⑤는 언급되지 않은 내용이다.

     ① 때때로 실패했다   ③ 대학교를 마치지 못했다

     ④ 끔찍한 사고를 당했다   ⑤ 건강이 좋지 않았다

   2 고등학교 때는 기존의 세계 신기록과 동점을 이루었다. (6~8행)

     ① 그는 학교 시작 전에 달리기를 연습하곤 했다. (5~6행)

     ② 그는 고등학교 다닐 때 세계 신기록을 세웠다.

     ③ 그는 대학교 장학금을 타지 못했다. (12~13행)

     ④ 그의 전미대학선수권 대회 기록은 깨지지 않았다. (9~11행)

     ⑤ 그는 1936년 올림픽에서 네 개의 금메달을 땄다. (15행)

3 주어진 문장은 Owens가 겪은 차별에 대한 내용이 나오기 전인 ④에 오는 것이 흐름상 자연스럽다.

4 흑인 Owens의 성공은 독일 민족이 가장 우수한 민족이라는 Hitler의 주장을 무색하게 하는 것이었다. (16~19행)

Q: 왜 일부 사람들은 Owens의 성공이 Hitler를 화나게 했다고 생각했는가?

A: Hitler가 <u>독일 민족이 가장 우수하다</u>고 주장했기 때문에

5 '같은 점수로 경기를 마치다'의 의미를 가진 단어는 tie(~와 동점을 이루다)이다. (7, 12행)

구문 해설

02행 He was very successful **even though** he had many difficulties.
- even though는 '비록 ~이지만'의 의미이다.

04행 Owens **got interested in** running in junior high school.
- get interested in은 '~에 흥미를 가지다'의 의미이다. *cf.* be interested in: ~에 흥미가 있다

05행 So his coach **let him practice** before school.
- 〈let + 목적어 + 동사원형〉은 '~가 …하게 (허락)하다'의 의미이다.

10행 **No one** *has beaten this record.*
- no one은 전체부정으로 '아무도 ~않는'의 의미이다.
- beat[break] a record는 '기록을 깨다'의 의미이다. 현재완료(have + p.p.)가 쓰였으므로 현재까지 아무도 그의 기록을 깨지 않은 상태임을 알 수 있다.

13행 He **was** not even **allowed to live** in the dorms on campus.
- allow는 '허락[허용]하다'의 뜻으로, 〈be allowed to-v〉는 '~하는 것이 허용되다'의 의미이다.

26 Cultured Meat

p.086

| 정답 | **1** ⑤ | **2** ④ | **3** ⑤ | **4** extract | **5** 비용이 많이 들었고 (지방이 들어있지 않아서) 맛이 없었다. |

지문 해석 소를 키우지 않고도 소고기를 먹을 수 있을까? 오늘날 과학자들은 동물의 고기를 대신할 고기를 만들기 위해 연구하고 있다.

배양육은 실험실에서 키워진 고기이다. 그것은 동물의 근육에서 조직을 가져옴으로써 만들어진다. 그 다음은 그 조직에서 줄기 세포들이 추출된다. 그러면 이 근육 세포들은 새로운 근섬유로 자라게 된다. 단 하나의 근육 세포가 수백만 개의 근섬유를 만들 수 있다. 햄버거 한 개를 만들기 위해서 과학자들은 이 근섬유를 2만 개 사용했다.

소를 키우는 데는 많은 에너지와 땅이 필요하다. 소가 만들어내는 메탄 가스는 지구 온난화를 야기하기도 한다. 반면에 배양육은 생산하는 만큼 그 에너지의 절반, 그리고 99퍼센트 더 적은 땅을 필요로 한다. 그것은 또한 온실 가스 배출을 96퍼센트까지만큼 줄일 수도 있다.

그럼에도 불구하고, 당신은 실험실 고기를 가까운 시일 안에 구할 수 없을 것이다. 최초의 배양육 햄버거는 만드는 데 33만 달러의 비용이 들었다. 게다가 그 고기는 지방이 없어서 맛이 좋지 않았다. 우리는 아직도 당분간은 소고기를 먹기 위해 소가 필요한 것처럼 보인다.

문제 해설 **1** 동물 고기의 대안인 배양육(cultured meat)의 장점과 한계점들에 대해 설명하고 있으므로 ⑤ '배양육의 장단점'이 가장 알맞다.
① 미래의 다양한 고기 종류들   ② 배양육의 건강상의 이점들
③ 소가 환경에 나쁜 이유   ④ 배양육으로 만들어진 음식들

2 배양육의 영양적인 측면은 언급되지 않았으며, 오히려 지방이 들어있지 않아서 맛이 좋지 않았다고 했다. (15행)

3 빈칸 앞은 소를 키우는 것의 단점들이 나오고, 빈칸 뒤에는 배양육의 장점들이 나오므로 대조를 나타내는 접속사인
⑤ '반면에'가 가장 알맞다.

  ① 게다가   ② 결과적으로   ③ 예를 들어   ④ 다시 말해서

4 '뽑거나 잘라냄으로써 어떤 것을 제거하다'의 의미를 가진 단어는 extract(추출하다)이다. (4행)

5 글 마지막 단락에서 비용과 맛을 지적하고 있다. (14~15행)

  Q: 최초의 배양육 햄버거의 문제점들은 무엇이었나?

구문 해설

01행 These days, scientists are working **to make** meat *to replace* meat from animals.
- to make는 to부정사의 부사적 용법으로 '만들기 위해'의 의미이다.
- to replace는 to부정사의 형용사적 용법으로 meat를 수식한다.

08행 **It takes a lot of energy and land to raise** cows.
- 〈it takes + 시간/돈/노력 등 + to-v〉는 '~하는 데 …이 들다'의 의미이다.

08행 The methane gas **produced by cows** also *causes* global warming.
- produced by cows는 The methane gas를 수식하는 과거분사구이며 문장 전체의 동사는 causes이다.

11행 It can also reduce greenhouse gas emissions **by up to** 96 percent.
- by는 정도, 차이를 나타내어 '~의 차이로, ~만큼'의 의미이며, up to는 '(최대) ~까지'의 의미이다. 따라서 by up to 96 percent는 '96 퍼센트까지만큼' 정도로 해석할 수 있다.

27 The Eco Soap Bank

p.088

정답
  1 ④   **2** ②   **3** ③   **4** the hotels in a nearby tourist destination
  5 ⓐ Workers   ⓑ Millions of bars of soap

지문 해석
(A) 캄보디아에서는 국민의 약 75퍼센트가 비누를 살 여유가 없다. (C) 그 결과 그들 중 많은 이들이 쉽게 치료 가능한 질병들과 바이러스들을 얻는다. (B) 하지만 한 미국 대학생 덕분에 이것이 바뀌고 있다.

Samir Lakhani는 캄보디아에서 자원봉사를 하고 있었다. 그는 한 어머니가 자식을 세탁용 세제로 씻기고 있는 것을 보았다. 세제에는 위험한 화학 물질이 있어서 피부를 손상시킨다. Samir는 캄보디아 사람들에게 비누들을 공급할 방법을 찾고 싶었다.

마침내 Samir는 한 가지 아이디어를 생각해냈다. 그는 근처 관광지에 많은 호텔들이 있다는 점을 깨달았다. 그는 그 호텔들로부터 쓰던 비누들을 모을 수 있을 것이었다. 그는 이 낡은 비누들을 재활용해서 그것들을 가난한 캄보디아 사람들에게 줄 수 있을 것이었다. 그래서 그는 친환경 비누 은행을 만들기 위해 온라인으로 돈을 모금했다.

그 비누 은행의 직원들은 먼저 비누들을 작은 조각들로 자른다. 그런 다음 그들은 그 조각들을 살균한다. 마지막으로, 그들은 그것들을 새로운 비누로 바꾼다. 그러면 그 비누는 병원, 학교, 고아원에 주어진다. 수백만 개의 비누들이 매일 버려지지만 캄보디아에서는 그것들이 유용한 자원으로 바뀌고 있다.

문제 해설

1 호텔에서 버려지는 비누들을 재활용해서 가난한 캄보디아 사람들에게 질병에 걸리지 않도록 제공해준다는 내용이므로 ④ '재활용 비누로 캄보디아 사람들의 생명 구하기'가 가장 알맞다.

  ① 재활용이 중요성   ② 수제 비누를 만드는 방법
  ③ 우리는 왜 손을 씻어야 하는가   ⑤ 캄보디아 사람들은 어떻게 그들의 쓰레기 문제를 해결하는가

2 (C)는 (A)의 결과에 해당하는 내용이고 (B)의 this는 (C)의 내용을 가리킨다. 따라서 (A)-(C)-(B)의 흐름이 가장 자연스럽다.

3 빈칸 이후에 호텔 비누들을 재활용해서 캄보디아 사람들에게 제공하는 과정이 이어지므로 ③ '캄보디아에서 사람들에게 비누를 공급할'이 가장 알맞다.

① 캄보디아 호텔에서 일하기 위한 ② 캄보디아에서 계속 자원봉사를 할
④ 가난한 사람들을 돕기 위해 의사가 될 ⑤ 캄보디아 어린이들이 교육을 받도록 도울

4 Samir는 근처 관광지에 많은 호텔들이 있음을 깨닫고 이 호텔들로부터 쓰던 비누들을 모았다. (9~10행)

Q: Samir는 사용한 비누들을 어디서 모았나?

A: 그는 근처 관광지의 호텔들로부터 그것들을 모았다.

5 ⓐ는 문맥상 앞 문장의 Workers를, ⓑ는 앞 문장의 Millions of bars of soap를 가리킨다.

구문 해설 **01행** In Cambodia, about 75 percent of people **cannot afford** soap.
- afford는 '~을 살 여유가 있다'의 의미이다. 주로 조동사 can, cannot과 함께 쓰인다.
  cf. afford 뒤에 동사가 올 경우에는 to부정사를 쓴다. (afford to-v: ~할 여유가 있다)

04행 He **saw a mother washing** her child with *laundry detergent*.
- 〈see + 목적어 + 현재분사/동사원형〉은 '~가 …하는 것을 보다'의 의미이다. 이 문장에서는 목적보어로 현재분사 washing이 쓰여 동작이 진행중임을 강조하고 있다.

06행 Samir wanted to find a way **to supply** soap to people in Cambodia.
- to supply는 to부정사의 형용사적 용법으로 a way를 수식한다. 형용사적 용법의 to부정사는 '~할, ~하는'의 의미이다.

14행 Finally, they **turn** them **into** new bars of soap.
- 〈turn A into B〉는 'A를 B로 바꾸다'의 의미이다.

28 The Ig Nobel Prize

p.090

정답 **1** ③ **2** ⑤ **3** ④ **4** did not teach the theory of evolution

| *Summary* | criticism, evolution, cheese, attract

지문 해석 이그노벨상은 노벨상의 익살스러운 형태이다. 그것은 1991년에 시작되었다. 매년 열 개의 다른 상들이 있다. 그 중 일부는 노벨상과 같은 분야들이다. 그것들은 물리학, 화학, 문학을 포함한다. 하지만 공중 위생, 공학, 생물학 같은 다른 분야들에도 상들이 수여된다.

그 상들은 비판이거나 또는 바보 같지만 유용한 실험들에 대한 칭찬일 수 있다. 예를 들어 캔자스와 콜로라도 주는 '과학 교육' 분야에서 이그노벨상을 받았다. 이것은 진화론을 가르치지 않은 것에 대한 비판이었다. 하지만 또 다른 경우, 한 수상자는 모기들이 특정 치즈와 사람의 발 냄새를 좋아한다는 것을 발견했다. 이것은 바보 같은 발견처럼 들릴지도 모른다. 하지만 그 치즈는 아프리카에서 치명적인 말라리아를 옮기는 모기들을 유인하기 위해 사용되었다.

일부 이그노벨상 수상자는 노벨상을 타기도 했다. 그 중 한 명이 Andre Geim 박사이다. 그는 2000년에 자석을 사용해서 개구리를 공중에서 뜨게 만든 것으로 이그노벨상을 탔다. 10년 후 그는 물리학에서 실제 노벨상을 탔다.

문제 해설 **1** 이그노벨상을 만든 사람에 대한 언급은 없다.

[문제] 글을 읽고 답할 수 없는 질문은?

① 이그노벨상은 언제 시작되었는가? (2~3행)

② 매년 몇 개의 이그노벨상이 주어지는가? (3~4행)

③ 누가 이그노벨상을 만들었는가? (언급되지 않음)

④ 이그노벨상 수상자로는 누가 있는가? (17~18행)

⑤ 이그노벨상을 받은 연구들로 어떤 것들이 있나? (13~16행, 18~19행)

2 이그노벨상은 비판이거나 또는 바보 같지만 유용한 실험들에 대한 칭찬일 수도 있다고 했다. (10~11행)

[문제] 이그노벨상에 관해 추론할 수 있는 것은?

① 그것은 노벨상 이전에 시작됐다.　　　　② 그것은 대개 비판으로 수여된다.

③ 수상자들은 실제 과학자들이 아니다.　　④ 대부분의 수상자들이 물리학을 연구한다.

⑤ 바보 같은 연구도 유용할 수 있다는 것을 보여준다.

3 주어진 문장은 바보 같아 보이는 연구에 대한 언급 뒤에 오는 것이 자연스럽다. 따라서 ④가 적절하다.

[문제] 다음 문장이 들어갈 위치로 가장 알맞은 곳은?

4 두 주는 진화론을 가르치지 않은 것 때문에 과학 교육 분야의 이그노벨상을 탔다. (11~13행)

[문제] 캔자스와 콜로라도 주가 이그노벨상을 받은 이유는?

진화론을 가르치지 않았기 때문에

| **Summary** |

| 유인하다　　　비판　　　치즈　　　진화 |

이그노벨상은 노벨상을 흉내낸 것이다. 그 상은 비판이거나, 우습지만 유용한 연구들에 대한 칭찬일 수 있다. 예를 들어 캔자스와 콜로라도 주는 진화론을 가르치지 않아 이그노벨상을 받았다. 다른 수상자는 모기들이 특정 치즈의 냄새를 좋아한다는 것을 발견했다. 그의 발견은 아프리카에서 해로운 모기들을 유인하기 위해 사용되었다.

구문 해설

10행 The awards can be **either** criticism **or** praise for silly-sounding but useful experiments.
- 〈either A or B〉는 'A이거나 B인'의 뜻이다.

12행 This was a criticism for **not teaching** the theory of evolution.
- 동명사의 부정형은 동명사 앞에 not을 붙인다. 해석하면 '가르치지 않은 것'이 된다.

15행 But the cheese **was used to attract** mosquitoes that carry deadly malaria in Africa.
- 〈be used + to-v〉는 '~하기 위해 사용되다'의 의미이다.

18행 He won an Ig Nobel award in 2000 for **making a frog float** in the air *by using* magnets.
- 〈make + 목적어 + 동사원형〉은 '~가 …하게 만들다'라는 뜻이다.
- 〈by -ing〉는 '~함으로써'의 의미이다.

focus On Sentences

p.92

Ⓐ 1 그는 비록 많은 어려움들이 있었지만 매우 성공했다.

2 소를 키우는 데는 많은 에너지와 땅이 필요하다.

3 우리는 아직도 당분간은 소고기를 먹기 위해 소가 필요한 것처럼 보인다.

4 그 상들은 비판이거나 또는 바보 같지만 유용한 실험들에 대한 칭찬일 수 있다.

Ⓑ 1 His coach <u>let him practice before school</u>.

2 He <u>saw a mother washing her child</u> with laundry detergent.

3 Finally, they <u>turn them into new bars of soap</u>.

Ⓒ 1 <u>In spite of</u> his great talent, Owens faced racial discrimination.

2 He <u>was not allowed to</u> live in the dorms on campus.

3 Nevertheless, you <u>will not be able to</u> get laboratory meat anytime soon.

Words & Phrases

p.095

A

1 knowledge	**2** clever	**3** 영향력 있는	**4** 집중을 방해하는		**5** 신체[물리]적인
6 과다, 과부하	**7** task	**8** 전문가	**9** experience	**10** 독성이 있는	**11** root
12 무제한의	**13** 방출하다	**14** 병; 메스꺼움	**15** 즉시	**16** 얻다	**17** 짜릿한, 매우 기쁜
18 survive	**19** 구토	**20** 보통의	**21** 추천하다, 권하다		**22** 발견하다, 찾다
23 질투[시기]하는		**24** past	**25** 물질	**26** 상세한	**27** industry
28 exchange	**29** 원인; 야기하다		**30** career	**31** 자유로운; 무료의	
32 아마도	**33** 편집자	**34** castle	**35** 창조자, 만든 사람		**36** 대안
37 cactus	**38** suggest	**39** receiver	**40** 잠시 동안		

B

1 give a speech　**2** comes true　**3** have access to　**4** protect, from　**5** am tired of

---

29 Information Overload

p.096

> **정답**　**1** ⑤　**2** ②　**3** ②, ④, ⑤　**4** ⓐ Social media sites ⓑ Experts　**5** tasks, important

지문 해석　오늘날 우리 주위에는 많은 정보가 있다. 정보에 접근할 수 있는 것은 지식을 얻기 위해 중요하다. 하지만 너무 많은 정보가 있는 것은 집중을 방해할 수 있다.

정보 과다에는 많은 원인들이 있다. 아마도 주된 원인은 인터넷일 것이다. (A) 많은 웹사이트들은 우리가 거의 무제한적인 양의 정보를 찾을 수 있게 해준다. (C) 이 웹사이트들은 우리가 실제로 필요한 것보다 더 많은 정보를 우리에게 준다. (B) 그래서 사람들은 어떤 정보가 유용하고 어떤 것이 해로운지 알 수가 없다. 소셜미디어 사이트들도 문제이다. 그것들은 사람들이 그들의 일에 집중하지 못하게 만든다.

다행히 우리는 정보 과다 문제를 해결할 수 있다. 전문가들은 날마다 할 일들의 목록을 만들 것을 제안한다. 이런 식으로 우리는 어떤 일들이 중요한지 결정하고 그것들을 먼저 할 수가 있다. 그들은 또한 이메일이나 소셜미디어 사이트들을 사용하는 데 너무 많은 시간을 쓰지 말 것을 권한다. 이런 웹사이트들을 읽는 것은 많은 시간을 낭비할 수 있다. 만약 다른 어떤 것도 효과가 없다면, 그냥 인터넷을 잠시 동안 꺼라. 그러면 당신은 당신 자신의 생각들에 집중할 수 있다.

정보 과다는 정말 문제이다. 하지만 열심히 노력하면 우리는 그것을 극복할 수 있다.

문제 해설　**1** 정보 과다의 원인들에 대해 살펴보고 그것들을 극복하는 방법들을 제시하고 있으므로 ⑤ '정보 과다의 원인과 해결책들'이 가장 알맞다.

① 사람들이 소셜미디어를 사용하면 안되는 이유　② 오늘날 이용 가능한 정보의 유형들

③ 인터넷에 시간을 덜 쓰기 위한 조언들　④ 정보를 찾기 위한 최고의 웹사이트들

2 많은 웹사이트들이 거의 무제한적인 정보를 제공하고 있고(A), 결국 이런 웹사이트들(These websites)은 필요 이상의 정보를 제공하게 되며(C), 그로 인해(So) 사람들이 유용한 정보와 해로운 정보를 판단하기가 힘들다(B)는 흐름이 가장 자연스럽다.

3 정보 과다의 원인으로 인터넷 웹사이트(5행), 소셜미디어 사이트(8행), 이메일(13행)이 언급되어 있다.

4 ⓐ는 문맥상 바로 앞문장의 Social media sites이며, ⓑ는 동사 recommend의 주어이므로 10행의 Experts를 가리킨다.

5 만약 우리가 날마다 할 일들의 목록을 만든다면 우리는 어떤 것들이 가장 중요한지 판단할 수 있다.

Having access to information is important for **gaining** knowledge.
- Having access to information은 주어로 쓰인 동명사구로 '정보에 접근할 수 있는 것'의 의미이며, gaining은 전치사 for의 목적어로 쓰인 동명사이다.

11행 Experts **suggest making** lists of our tasks each day.
- '~하는 것을 제안하다'는 〈suggest + -ing〉로 나타낸다. *cf.* suggest to make (X)

12행 They also **recommend not *spending*** *too much time using* email or social media sites.
- '~하는 것을 권하다'는 〈recommend + -ing〉로 나타낸다. 여기서는 '쓰지 말 것을 권하다'의 의미이므로 동명사 목적어 spending 앞에 not이 쓰였다.
- 〈spend + 시간/돈 + -ing〉는 '~하는 데 …을 쓰다'의 의미이다.

30 Plants That Protect Themselves

p.098

정답	**1** ④	**2** (1) F (2) T	**3** ③	**4** needles	**5** the cassava root

지문 해석 당신은 동물들이 그들이 원하는 어떤 식물이든지 먹을 수 있다고 생각할지도 모른다. 하지만 많은 식물들은 포식자들로부터 스스로를 보호하는 영리한 방법들을 갖고 있다.

식물들이 스스로를 보호하는 가장 흔한 방법은 자신들의 몸을 이용하는 방법이다. 아마도 이것의 가장 유명한 예는 선인장일 것이다. 선인장들은 날카로운 가시들로 덮여있다. 이와 유사하게 어떤 식물들은 가시가 있는 잎이 자란다. 그것들은 염소와 다른 그런 동물들이 그 식물들을 먹지 못하게 한다. 또 다른 신체적 방어 수단은 왁스이다. 왁스는 많은 식물들의 잎에서 보이는 반짝이는 물질이다. 왁스는 동물들이 그 식물들을 먹지 못하게 한다.

식물들은 화학적 방어 수단도 사용한다. 이런 화학 물질은 포식자가 싫어하는 강한 냄새를 풍길 수 있다. 한 예가 박하 식물이다. 다른 식물들은 그것들이 좋지 않은 맛이 나게 하는 화학 물질을 갖고 있다. 다른 경우에는 화학 물질에 독성이 있다. 카사바 나무 뿌리는 강력한 독을 방출한다. 포식자가 그것을 먹으면 메스꺼움, 구토, 심지어 죽음을 유발한다.

따라서 식물이 비록 움직일 수 없다 하더라도 그것이 그들이 무력하다는 것을 의미하지는 않는다. 식물들에게 그러한 방어 수단들이 없다면, 그들은 별로 오래 살아남지 못할 것이다.

문제 해설 **1** 빈칸 뒤에는 가시나 왁스 같은 신체적인 방어 수단을 통해 스스로를 보호하는 식물들의 예가 나오므로 ④ '몸'이 가장 알맞다.
  　① 열매　　　　② 냄새　　　　③ 뿌리　　　　⑤ 독

2 (1) 왁스는 동물들이 식물들을 먹지 못하게 한다. (9~10행)
  (2) 카사바 나무 뿌리의 독은 포식자의 죽음을 유발할 수도 있다. (14~16행)
  (1) 왁스는 동물들이 속여 식물들을 먹게 한다.
  (2) 어떤 독은 포식자를 죽게 만들 수 있다.

3 박하 식물은 포식자가 싫어하는 강한 냄새를 풍긴다. (12~14행)
  [문제] 박하 식물이 스스로를 보호하는 방법은?
  　① 맛이 좋지 않다.　　　　　　② 잎에 왁스가 있다.
  　③ 강한 냄새를 풍긴다.　　　　④ 강력한 독을 방출한다.
  　⑤ 몸이 가시들로 덮여 있다.

4 They는 동물들이 식물을 먹지 못하게 하는 것으로 앞 문장의 needles를 가리킨다.

5 카사바 나무 뿌리는 먹었을 때 메스꺼움, 구토, 심지어 죽음을 유발하는 강력한 독을 방출한다고 했다. (14~16행)

Q: 메스꺼움과 구토를 유발하는 화학 물질을 방출하는 식물은 무엇인가?

A: 그것은 <u>카사바 나무 뿌리</u>이다.

구문 해설

01행 You may think that animals can eat any **plants** [(**that[which]**) they want *to (eat)*].

• [ ]는 plants를 수식하는 관계대명사절이다. 관계대명사절에는 목적격 관계대명사 that[which]이 생략되었다.

• to는 대부정사로서 to eat에 해당한다. 동사의 반복을 피하기 위해 to만 남길 수 있으며 이를 대부정사라고 한다.

02행 But many plants have clever ways **to *protect*** themselves *from* predators.

• to protect는 ways를 수식하는 형용사적 용법의 to부정사이다.

• protect A from B는 'A를 B로부터 보호하다'의 의미이다.

07행 They **stop goats and other such animals from eating** the plants.

• 〈stop A from -ing〉는 'A가 ~하지 못하게 하다'의 의미이다.

08행 Wax is the shiny substance **seen on many plant leaves**.

• seen on many plant leaves는 substance를 수식하는 과거분사구이다. 해석하면 '많은 식물들의 잎에서 보이는'이 된다.

18행 **If** plants **didn't have** such defenses, they **would not survive** very long.

• 〈if + 주어 + 과거형 동사, 주어 + 조동사 과거형 + 동사원형〉은 현재의 사실과 반대되는 가정을 나타내어 '만약 ~라면, …일 것이다'의 의미로 쓰인다. (= As plants have such defenses, they survive very long.)

31 Stan Lee

p.100

정답   **1** ④   **2** ②   **3** ⑤   **4** spot | *Summary* | comic, superheroes, perfect, cameos

지문 해석   당신은 아마도 〈스파이더맨〉, 〈아이언맨〉, 그리고 〈엑스맨〉을 알 것이다. 하지만 Stan Lee를 아는가? 그는 이 모든 인물들의 창조자이다. 그는 또한 만화책 산업에서 가장 영향력 있는 사람들 중 하나이기도 하다.

어렸을 때 Stan Lee는 작가가 되고 싶었다. 그의 꿈은 그가 열 아홉 살이었을 때 실현되었다. 그는 〈캡틴 아메리카〉 만화를 썼다. Lee는 다른 만화책들과 단편 소설들도 썼다. 1950년대 말 즈음에 Lee는 만화책을 쓰는 것에 싫증이 났다. 그는 직업을 바꾸는 것을 고려했다.

이 무렵 Lee의 편집자는 그에게 새로운 슈퍼영웅들을 직접 만들어달라고 요청했다. Lee는 그 기회에 매우 기뻐했다. 이전의 슈퍼영웅들은 문제가 없는 완벽한 사람들이었다. Lee의 인물들은 화를 내고, 질투하고, 심지어 병에 걸리기도 했다. 그의 첫 번째 새로운 인물들은 〈환상의 4총사(판타스틱 포어)〉였는데 그것들은 즉시 인기를 얻었다.

Lee는 1972년까지 계속해서 새 인물들을 만들었다. 오늘날 Lee는 마블사의 얼굴이다. 그는 팬 미팅에 나가고 대학에서 연설을 한다. 그는 마블사 영화들에 카메오로 출연하기도 한다. 다음에 마블사의 영화를 볼 때면 Stan Lee를 찾아보도록 하라.

문제 해설   **1** 슈퍼영웅 이야기의 대가로서 여러 인기 만화책을 써온 Stan Lee에 대한 설명이므로 ④ '한 영향력 있는 만화책 작가'가 가장 알맞다.

① Stan Lee가 쓴 최고의 만화책들   ② 과거 마블사의 슈퍼영웅들

③ 만화책은 어떻게 변해왔는가   ⑤ 가장 인기 있는 슈퍼영웅 영화들

2 빈칸 뒤에는 그가 만화책이나 단편 소설들을 써서 꿈을 이뤘다는 내용이 나오므로 ② '작가'가 가장 알맞다.

① 영웅   ③ 예술가   ④ 배우   ⑤ 감독

3 Stan Lee의 영웅들은 문제가 없는 기존의 슈퍼영웅들과는 달리 화를 내고, 질투하고, 병에 걸리기도 한다고 했으므로 ⑤ '그들은 보통 사람들처럼 문제들을 갖고 있었다'가 가장 알맞다. (10~12행)

① 그들은 영화에만 등장했다.　　　　② 그들은 영화에 나온 적이 없다.

③ 그들은 처음에는 별로 인기가 없었다.　　④ 그들은 특별한 힘이 없었다.

4 '누군가 또는 무엇인가를 알아차리다'의 의미를 가진 단어는 spot(발견하다, 찾다)이다. (17행)

| *Summary* |

만화	완벽한	카메오	슈퍼영웅들

Stan Lee는 지금껏 가장 유명한 만화 인물들 중 몇몇을 만들어냈다. 그의 첫 직업은 〈캡틴 아메리카〉 만화를 쓰는 것이었다. 그가 만화책 쓰는 것에 싫증났을 때 그는 새로운 슈퍼영웅들을 만들어달라는 요청을 받았다. Lee의 영웅들은 완벽한 사람들은 아니었지만 즉시 인기를 얻었다. 오늘날 Lee는 마블사의 얼굴이다. 그는 팬들과 만나고 마블사 영화에 카메오로 출연하기도 한다.

구문 해설

06행 By the end of the 1950s, Lee **became bored with** comic book writing.
- 〈get/become bored with〉는 '~에 싫증나다'의 의미이다.

07행 He **considered changing** careers.
- consider는 '~을 고려하다'의 의미로 동명사를 목적어로 갖는 동사이다.

09행 Around this time, Lee's editor **asked him to create** his own new superheroes.
- 〈ask + 목적어 + to-v〉는 '~에게 …할 것을 요청하다'의 의미이다.

10행 Lee **was thrilled by** the opportunity.
- thrill은 동사로 '오싹하게 하다, 설레게 하다'의 의미이다. be thrilled by는 수동태로서 '~에 매우 기뻐했다'란 뜻이 된다.

32 A Trip to Europe

p.102

정답 　1 ④　　2 ⑤　　3 ③　　4 interesting experiences　　5 exchange

지문 해석　나는 이번 여름에 유럽에 갔다. 나는 거기 있는 동안 많은 새로운 트렌드들을 경험해볼 수 있었다. 그것들에 관해 얘기를 하겠다.

독특한 저녁 식사 경험을 원한다면 당신은 이탈리아의 밀라노를 방문해야 한다. 거기서 당신은 아모스페라에 갈 수 있다. 이것은 전차에 있는 식당이다. 그 식당은 많은 유적지들을 지나가는 동안 전통 이탈리아 음식을 제공한다. 나는 아름다운 도시인 밀라노를 보면서 맛있는 식사를 했다. (이탈리아에서 관광객들에게 가장 인기 있는 도시는 로마이다.) 매일 아모스페라에서 먹을 수 있다면 좋겠다.

가족과 친구들에게 일반적인 선물을 주는 것에 싫증났다면 대안이 있다. 유럽의 여러 국가에서 당신은 스마트박스를 선택할 수 있다. 이것은 받는 사람이 흥미로운 경험들을 하게 해주는 일종의 쿠폰이다. 이것들은 성에서 묵는 것, 스포츠카를 운전하는 것, 그리고 고급 식당에서 식사하는 것을 포함한다. 이 상자는 안에 사진들과 상세한 안내가 있다. 게다가 당신이 그 경험이 맘에 들지 않는다면 교환하는 것이 무료이며 간편하다. 내 친구는 나에게 스카이다이빙을 하러 가는 스마트박스를 주었다. 그것은 내가 지금껏 받았던 가장 좋은 선물이었다.

문제 해설　**1** 최근 유럽 여행에서 경험한 두 가지 트렌드를 소개하는 글이다. 따라서 ④ '유럽의 두 가지 최신 트렌드를 소개하기 위해'가 가장 알맞다.

[문제] 글의 목적으로 가장 알맞은 것은?

① 식당을 평가하기 위해　　　　　② 신제품을 광고하기 위해

③ 새로운 회사의 직원들을 찾기 위해　　　⑤ 친구에게 줄 가장 좋은 선물들을 추천하기 위해

2 밀라노의 전차 식당에 관한 내용이므로 로마에 관한 내용인 (e)는 문맥에 맞지 않는다.

[문제] 글의 (a)~(e) 중, 전체 흐름과 관계 <u>없는</u> 문장은?

3 빈칸 앞뒤 모두 스마트박스에 관한 설명이므로 빈칸에는 부연, 첨가를 나타내는 ③ '게다가'가 가장 적절하다.

[문제] 글의 빈칸에 들어갈 말로 가장 알맞은 것은?

① 대신에　　　② 그러므로　　　④ 예를 들어　　　⑤ 안타깝게도

4 These 뒤에 나오는 성에서 묵기, 스포츠카 운전하기, 고급 식당에서 식사하기는 모두 바로 앞 문장의 interesting experiences에 해당하는 것들이다.

[문제] 글의 밑줄 친 ⓐ These가 의미하는 것을 영어로 쓰시오.

5 '어떤 하나를 다른 것으로 교체하다'의 의미를 가진 단어는 exchange(교환하다)이다. (14행)

[문제] 다음 주어진 뜻을 가진 단어를 글에서 찾아 쓰시오.

구문 해설

05행　The restaurant serves traditional Italian food **while (it was) traveling** past many historic sites.

• while 뒤에 it was가 생략되었다. 주절의 주어와 같을 때 부사절의 〈주어 + be동사〉는 종종 생략된다.

08행　I **wish** I **could** eat at ATMosfera every day.

• 〈I wish + 주어 + 과거형 동사〉는 현재의 사실과 반대되는 일에 대한 유감이나 소망을 나타내어 '~라면 좋을 텐데'의 의미이다. (= I am sorry that I cannot eat at ATMosfera every day.)

09행　If you**'re tired of** giving regular gifts to family and friends, there is an alternative.

• be tired of는 '~에 싫증나다'의 의미이다.

14행　In addition, **it** is free and easy **to exchange** if you don't like the experience.

• it은 가주어, to exchange가 진주어이다.

16행　It was **the best gift (that) I've ever got**!

• 〈최상급 + (that) I've ever p.p.〉는 '지금까지 ~한 것 중 가장 …한'의 의미이다. 여기서 that은 생략 가능하다.

focus On Sentences
p.104

Ⓐ **1** 그들은 또한 이메일을 사용하는 데 너무 많은 시간을 쓰지 말 것을 권한다.

2 그것들은 염소와 다른 그런 동물들이 그 식물들을 먹지 못하게 한다.

3 식물들에게 그러한 방어 수단들이 없다면, 그들은 별로 오래 살아남지 못할 것이다.

4 매일 아모스페라에서 먹을 수 있다면 좋을 텐데.

Ⓑ **1** This way, we can decide <u>which tasks are important</u>.

2 Many plants have clever ways to <u>protect themselves from predators</u>.

3 Lee's editor <u>asked him to create his own new superheroes</u>.

Ⓒ **1** <u>Having access to</u> information is important for gaining knowledge.

2 His dream <u>came true</u> when he was 19 years old.

3 If you <u>are tired of</u> giving regular gifts to family and friends, there is an alternative.

WORKBOOK ANSWER KEYS

A 1 construct 건설하다 2 skyscraper 고층 빌딩
3 honor 존경하다, 기리다
4 charity 자선 단체 5 yolk 노른자
6 retire 은퇴하다 7 colony 식민지
8 custom 관습

B 1 ② 2 ①

C 1 as well as 2 take place
3 set a record

D 1 has been living 2 have been traveling
3 have, been waiting

E 1 Amy jogs every morning so that she can stay healthy.
2 Jack is saving money so that he can buy a new car.
3 I waited for an hour so that I could meet her.

F 1 a day honoring teachers
2 it is difficult to live without smartphones
3 because it was not strong enough
4 as much as you can do

A 1 appear 나타나다 2 imitate 모방하다
3 surface 표면 4 spread 퍼지다
5 fragment 조각, 파편 6 luggage 짐, 수하물
7 citizen 시민 8 decorate 장식하다

B 1 ① 2 ②

C 1 take part in 2 depends on
3 looking forward to

D 1 cannot[can't] help falling asleep
2 couldn't help making
3 couldn't help walking

E 1 for 2 of
3 for 4 of

F 1 The weather was so cold that
2 including Koreans, Japanese, and Chinese
3 The film was too scary to watch alone.
4 People call him a computer genius.

A 1 reduce 줄이다
2 injured 부상당한, 다친
3 hold 들다, 갖고 있다 4 realize 깨닫다
5 overcome 극복하다 6 perform 공연하다
7 risk 위험 8 ban 금지하다

B 1 ③ 2 ③

C 1 throw away 2 look up
3 is similar to

D 1 had started 2 have made
3 has bought 4 had ordered

E 1 당신이 많이 다치지 않은 것은 행운이다.
2 애완동물들이 노인들에게 좋은 친구가 될 수 있다는 것은 사실이다.
3 Ann이 그 시험에 합격하지 못했다니 놀랍다.

F 1 My family named our dog Trump.
2 dances well to the rhythm of the music
3 He has to be taken to the hospital.
4 no matter how they look

A 1 kitten 새끼 고양이 2 separately 따로
3 spin 회전하다 4 pitch 음의 높이
5 connect 연결하다 6 mayor 시장
7 flap 퍼덕이다 8 rest 두다[얹다], 기대다

B 1 ④ 2 ②

C 1 Turn off 2 catch the eye
3 afford to

D 1 should have woken up
2 should not have made
3 should have visited

E 1 I am not sure whether[if] Kevin is at home (or not).
2 We didn't know whether[if] the decision was right (or not).
3 Whether the witness will show up at court is important.

F 1 How can you judge a book without reading it?
2 Although his car is old
3 Whenever I see pictures of London
4 This medicine is used to relieve pain.

A 1 modern 현대의   2 mixture 혼합물
3 translate 번역하다   4 phrase 말, 구절
5 mind 지성(인)   6 habitat 서식지
7 predator 포식자   8 ingredient 재료

B 1 ②   2 ①

C 1 fill out   2 up to
3 result in

D 1 can be seen   2 should be answered
3 might be given   4 will not be built

E 1 is said that the Earth is round
2 is known that Chinese people are fond of the color red
3 is thought that the man is the criminal

F 1 The truth is that rainforests are disappearing very quickly.
2 The Earth is being destroyed by pollution.
3 Whoever the applicant is
4 Her plan is to spend the New Year holiday with her family.

A 1 sharply 급격히   2 royalty 왕족
3 pleasure 기쁨, 즐거움
4 inspire 고무[격려]하다
5 avoid 피하다   6 damage 손상시키다
7 broadcast 방송하다
8 practical 현실적인, 실현 가능한

B 1 ②   2 ①

C 1 is divided into   2 lose weight
3 by myself

D 1 the other   2 the others
3 Others   4 another

E 1 I have a friend whose major is history.
2 There is a restaurant whose food is outstanding.
3 They are looking for a dog whose name is Coby.
4 The man whose phone was ringing didn't know what to do.

F 1 thirty people have been rescued
2 as many students as possible
3 In addition to various discounts
4 we did not end up using a car

A 1 deadly 치명적인   2 require 필요로 하다
3 annoy 화[짜증]나게 하다
4 laboratory 실험실   5 discrimination 차별
6 supply 공급하다   7 detergent 세제
8 attract 끌어들이다

B 1 ①   2 ③

C 1 come up with   2 be able to
3 are allowed to

D 1 that the runners are thirsty
2 that Tom loves Julie
3 seemed to get lost

E 1 either, or   2 neither, nor
3 either, or   4 Neither, nor

F 1 Even though he had a car accident
2 It took three years to construct this highway.
3 She doesn't let her kids drink soda.
4 Artists could turn trash into artwork.

A 1 regular 보통의, 일반적인
2 thrilled 짜릿한, 매우 기쁜
3 task 일, 과업
4 recommend 추천하다, 권하다
5 release 방출하다   6 detailed 상세한
7 physical 신체적인   8 alternative 대안

B 1 ④   2 ①

C 1 come true   2 have access to
3 was tired of

D 1 If the weather were good, we would go to the park.
2 If we were in Hawaii, we would[could] be on the beach.
3 If she wasn't wearing high heels, she could walk faster.

E 1 I could go to Europe
2 I had enough money
3 I were good at cooking

F 1 My friend asked me to do her homework.
2 stop people from feeling gloomy
3 can protect you from many diseases
4 I don't know which choice is better.

MEMO

MEMO

MEMO

MEMO

\내신공략! 독해공략!/

내공 중학영어독해

- 재미있고 유익한 소재의 **32개 지문**
- 중등 영어교과서 **핵심 문법** 연계
- 내신 대비 **서술형 문항** 강화
- 어휘·문법·구문 복습을 위한 **워크북** 제공
- 내신 기출 유형으로만 구성된 **추가 문항** 제공

온라인 학습자료 www.darakwon.co.kr

- MP3 파일
- 단어 리스트
- 단어 테스트
- Dictation Sheet
- 지문 해석 Worksheet
- Final Test 8회

문제 출제 프로그램 voca.darakwon.co.kr

- 다양한 형태의 단어 테스트 제작·출력 가능

내신공략! 독해공략!

내공
중학영어독해

실력1

Workbook

 DARAKWON

UNIT **01** / REVIEW TEST

A 다음 영영풀이에 알맞은 단어를 골라 쓴 후 우리말 뜻을 쓰시오.

honor	custom	skyscraper	construct
yolk	colony	retire	charity

1 to build something _____ _____

2 a very tall building in a city _____ _____

3 to show your respect for someone _____ _____

4 an organization that helps people in need _____ _____

5 the middle part of an egg that is yellow _____ _____

6 to leave your job and to stop working completely _____ _____

7 a country that is controlled by another country _____ _____

8 something that people do because it is usual or traditional _____ _____

B 밑줄 친 단어와 비슷한 의미의 단어를 고르시오.

1 Thousands of citizens <u>marched</u> through the main street.

① attended   ② paraded   ③ celebrated   ④ influenced

2 Mike has been <u>extremely</u> busy over the past few weeks.

① very   ② rarely   ③ usually   ④ exactly

C 다음 문장의 빈칸에 들어갈 알맞은 말을 골라 쓰시오.

take place	as well as	set a record

1 Sora can speak Chinese _____ Spanish fluently.

2 The Olympic Games _____ every four years.

3 Usain Bolt _____ in the 100-meter dash.

D 우리말과 같은 뜻이 되도록 (　) 안의 말을 이용하여 문장을 완성하시오.

1 Jessica는 5년째 도쿄에 살고 있다. (live)

Jessica ＿＿＿＿＿ ＿＿＿＿＿ ＿＿＿＿＿ in Tokyo for 5 years.

2 그들은 작년 10월부터 여행을 해오고 있다. (travel)

They ＿＿＿＿＿ ＿＿＿＿＿ ＿＿＿＿＿ since last October.

3 당신은 얼마나 오래 기다리고 있었어요? (wait)

How long ＿＿＿＿＿ you ＿＿＿＿＿ ＿＿＿＿＿ ?

E 다음 문장을 so that ~ can/could … 구문을 이용한 문장으로 바꿔 쓰시오.

1 Amy jogs every morning in order to stay healthy.

→ ＿＿＿＿＿＿＿＿＿＿＿＿＿＿＿＿＿＿＿＿＿＿＿＿＿

2 Jack is saving money in order to buy a new car.

→ ＿＿＿＿＿＿＿＿＿＿＿＿＿＿＿＿＿＿＿＿＿＿＿＿＿

3 I waited for an hour in order to meet her.

→ ＿＿＿＿＿＿＿＿＿＿＿＿＿＿＿＿＿＿＿＿＿＿＿＿＿

Writing Practice

F 우리말과 같은 뜻이 되도록 주어진 말을 바르게 배열하시오.

1 스승의 날은 선생님들을 기리는 날이다. (day, teachers, a, honoring)

Teachers' Day is ＿＿＿＿＿＿＿＿＿＿＿＿＿＿＿＿＿＿＿ .

2 오늘날, 스마트 폰 없이 살아가는 것은 어렵다.

(live, is, without, to, it, smartphones, difficult)

Today, ＿＿＿＿＿＿＿＿＿＿＿＿＿＿＿＿＿＿＿＿＿＿ .

3 그 건물은 충분히 튼튼하지 않았기 때문에 붕괴되었다.

(enough, not, it, strong, because, was)

The building collapsed ＿＿＿＿＿＿＿＿＿＿＿＿＿＿＿＿ .

4 당신이 할 수 있는 만큼 최선을 다하세요. (much, as, you, do, as, can)

Do your best ＿＿＿＿＿＿＿＿＿＿＿＿＿＿＿＿＿＿＿＿＿ .

Vocabulary Practice

A 다음 영영풀이에 알맞은 단어를 골라 쓴 후 우리말 뜻을 쓰시오.

| fragment | surface | decorate | spread |
| appear | luggage | citizen | imitate |

1 to start to be seen ＿＿＿＿＿ ＿＿＿＿＿

2 to copy something ＿＿＿＿＿ ＿＿＿＿＿

3 the top layer of water or land ＿＿＿＿＿ ＿＿＿＿＿

4 to affect more people or a larger area ＿＿＿＿＿ ＿＿＿＿＿

5 a small piece of an object that has broken ＿＿＿＿＿ ＿＿＿＿＿

6 the bags that you take when you travel ＿＿＿＿＿ ＿＿＿＿＿

7 someone who lives in a particular country ＿＿＿＿＿ ＿＿＿＿＿

8 to make something look more attractive ＿＿＿＿＿ ＿＿＿＿＿
by putting nice things on it

B 밑줄 친 단어와 비슷한 의미의 단어를 고르시오.

1 When it cools down, it becomes solid.

① hard ② light ③ heavy ④ smooth

2 Can you describe what the man looked like?

① show ② explain ③ imagine ④ remember

C 다음 문장의 빈칸에 들어갈 알맞은 말을 골라 쓰시오.

| depends on | looking forward to | take part in |

1 My class will ＿＿＿＿＿＿＿＿＿ the Save the Earth campaign.

2 My father still ＿＿＿＿＿＿＿＿＿ his old car to go to work.

3 We're ＿＿＿＿＿＿＿＿＿ going to Canada next month.

D   다음 두 문장의 뜻이 같도록 빈칸에 알맞은 말을 쓰시오.

1   After lunch, I cannot help but fall asleep during the class.

= After lunch, I _____ _____ _____ _____ during class.

2   The pilot had no choice but to make an emergency landing.

= The pilot _____ _____ _____ an emergency landing.

3   Because we missed the last bus, we couldn't help but walk.

= Because we missed the last bus, we _____ _____ _____ .

E   다음 문장의 빈칸에 for 또는 of를 쓰시오.

1   It is hard _____ me to exercise every day.

2   It was foolish _____ him to make the same mistake again.

3   It is possible _____ them to get good grades in the test.

4   It was very wise _____ you to keep calm in that situation.

Writing Practice

F   우리말과 같은 뜻이 되도록 주어진 말을 바르게 배열하시오.

1   날씨가 너무 추워서 사람들은 집에 머물러야 했다. (was, cold, the, so, weather, that)

_____ people had to stay at home.

2   그 사고는 한국인, 일본인, 중국인을 포함한 많은 방문객들을 죽였다.

(Japanese, Koreans, and, including, Chinese)

The accident killed many visitors, _____ .

3   그 영화는 너무 무서워서 혼자 볼 수가 없었다. (to, was, alone, watch, the, scary, too, film)

_____

4   사람들은 그를 컴퓨터 천재라고 부른다. (him, genius, a, call, people, computer)

_____

UNIT **03** / REVIEW TEST

A 다음 영영풀이에 알맞은 단어를 골라 쓴 후 우리말 뜻을 쓰시오.

injured	overcome	realize	reduce
perform	hold	ban	risk

1 to make something smaller _____ _____

2 hurt in an accident or attack _____ _____

3 to have something in your hand _____ _____

4 to know and understand something _____ _____

5 to succeed in dealing with a problem _____ _____

6 to do something in front of an audience _____ _____

7 the possibility that something bad may happen _____ _____

8 to officially say that something must not be done _____ _____

B 밑줄 친 단어와 비슷한 의미의 단어를 고르시오.

1 They are working to <u>raise</u> money to build schools in Africa.

① save　　　② spend　　　③ collect　　　④ share

2 Harry Potter is a very <u>unusual</u> boy in many ways.

① smart　　　② funny　　　③ unique　　　④ popular

C 다음 문장의 빈칸에 들어갈 알맞은 말을 골라 쓰시오.

look up	is similar to	throw away

1 Every day, people _____ tons of food.

2 It's easy to _____ words on online dictionaries.

3 The storyline of the movie _____ that of the book.

D 다음 (   ) 안에서 알맞은 것을 고르시오.

1 The concert (has started, had started) when we entered the hall.

2 I (have made, had made) a lot of friends since I came here.

3 Jane (has bought, had bought) a lot of clothes recently.

4 The waiter brought the food that we (has ordered, had ordered).

E 다음 문장을 밑줄 친 부분에 유의하여 우리말로 해석하시오.

1 It is lucky that you didn't get hurt much.

→ _____

2 It is true that pets can be good friends to old people.

→ _____

3 It is surprising that Ann didn't pass the exam.

→ _____

Writing Practice

F 우리말과 같은 뜻이 되도록 주어진 말을 바르게 배열하시오.

1 우리 가족은 우리 개를 Trump라고 이름 지었다. (Trump, my, our, named, dog, family)

_____

2 그 아기는 음악의 리듬에 맞춰 춤을 잘 춘다. (dances, rhythm, the, of, the, to, music, well)

The baby _____ .

3 그는 즉시 병원으로 보내져야 한다. (he, to, taken, hospital, has to, the, be)

_____ immediately.

4 모든 강아지들은 어떻게 생겼든지 귀엽다. (look, how, no, they, matter)

All puppies are cute _____ .

UNIT 04 / REVIEW TEST

Vocabulary Practice

A 다음 영영풀이에 알맞은 단어를 골라 쓴 후 우리말 뜻을 쓰시오.

pitch	rest	mayor	kitten
spin	separately	flap	connect

1 a young cat

_____ _____

2 not together

_____ _____

3 to turn round and round quickly

_____ _____

4 the high or low quality of a sound

_____ _____

5 to join two or more things together

_____ _____

6 the person who leads a city or town

_____ _____

7 to move wings quickly up and down

_____ _____

8 to put something somewhere for support

_____ _____

B 밑줄 친 단어와 비슷한 의미의 단어를 고르시오.

1 The billionaire decided to <u>donate</u> all his money to charity.

① rent   ② allow   ③ adopt   ④ give away

2 I was so hungry that I ate an <u>entire</u> pizza for dinner.

① local   ② whole   ③ shared   ④ certain

C 다음 문장의 빈칸에 들어갈 알맞은 말을 골라 쓰시오.

turn off	afford to	catch the eye

1 _____ the light when you leave the room.

2 The company's logo is designed to _____ .

3 I wanted that smartphone, but I couldn't _____ buy it.

D 우리말과 같은 뜻이 되도록 (   ) 안의 말을 이용하여 문장을 완성하시오.

1 나는 오전 6시에 일어났어야 했다. (wake up)

→ I _____ _____ _____ _____ at 6 a.m.

2 그는 실수하지 말았어야 했다. (make)

→ He _____ _____ _____ _____ a mistake.

3 당신은 파리에서 그 미술관에 갔었어야 했다. (visit)

→ You _____ _____ _____ the museum in Paris.

E 다음 두 문장을 whether 또는 if를 이용하여 한 문장으로 만드시오.

1 I am not sure. + Is Kevin at home?

→ _____

2 We didn't know. + Was the decision right?

→ _____

3 The witness will show up at court. + It is important.

→ _____

Writing Practice

F 우리말과 같은 뜻이 되도록 주어진 말을 바르게 배열하시오.

1 당신은 어떻게 책을 읽지도 않고 판단을 할 수 있지요?
(how, reading, a, you, without, it, book, can, judge)

_____

2 그의 차는 낡았지만 여전히 잘 달린다. (old, car, although, his, is)

_____ , it still runs well.

3 런던의 사진을 볼 때 마다 그곳에 가보고 싶다. (I, pictures, whenever, of, see, London)

_____ , I wish I could visit there.

4 이 약은 통증을 완화하는데 쓰인다. (relieve, this, to, is, pain, used, medicine)

_____

UNIT **05** / REVIEW TEST

A 다음 영영풀이에 알맞은 단어를 골라 쓴 후 우리말 뜻을 쓰시오.

mixture	ingredient	translate	mind
predator	habitat	phrase	modern

1 belonging to the present time _____ _____

2 a combination of two or more different things _____ _____

3 to change words into another language _____ _____

4 a group of words that are used together _____ _____

5 intelligence; someone who is very intelligent _____ _____

6 the natural home of a plant or animal _____ _____

7 an animal that kills and eats other animals _____ _____

8 one of the foods that you use to make a dish _____ _____

B 밑줄 친 단어와 비슷한 의미의 단어를 고르시오.

1 The giant panda begins life as a <u>tiny</u> baby.
　① cute　　　　② small　　　　③ weak　　　　④ huge

2 The UN <u>conference</u> on the environment was held in Tokyo.
　① meeting　　② application　　③ community　　④ performance

C 다음 문장의 빈칸에 들어갈 알맞은 말을 골라 쓰시오.

up to	fill out	result in

1 Please _____ this lost luggage form first.

2 The restaurant used to earn _____ $2,000 a day.

3 Drinking too much coffee can _____ sleeping problems.

D 다음 ( ) 안의 말을 이용하여 문장을 완성하시오.

1 The island _____ _____ _____ from the shore. (can, see)

2 The easy questions _____ _____ _____ first. (should, answer)

3 John _____ _____ _____ the award. (might, give)

4 The new building _____ _____ _____ _____ on this street.
(will, not, build)

E 다음 문장을 가주어 It으로 시작하는 문장으로 바꾸어 쓰시오.

1 People say that the Earth is round.

→ It _____ .

2 People know that Chinese people are fond of the color red.

→ It _____ .

3 People think that the man is the criminal.

→ It _____ .

Writing Practice

F 우리말과 같은 뜻이 되도록 주어진 말을 바르게 배열하시오.

1 사실 열대우림들은 매우 빨리 사라지고 있다.

(very, are, tropical rainforests, is, truth, quickly, that, the, disappearing)

_____

2 지구는 오염에 의해 파괴되고 있다. (being, the, destroyed, is, pollution, by, Earth)

_____

3 지원자가 누구든지, 발표는 5분으로 제한된다. (is, whoever, applicant, the)

_____ , the presentation is limited to 5 minutes.

4 그녀의 계획은 설 연휴를 가족들과 보내는 것이다.

(her plan, her family, holiday, to, with, New Year, is, spend, the)

_____

Vocabulary Practice

A 다음 영영풀이에 알맞은 단어를 골라 쓴 후 우리말 뜻을 쓰시오.

sharply	inspire	royalty	avoid
damage	practical	pleasure	broadcast

1 suddenly and by a large amount
_____ _____

2 kings and queens and their families
_____ _____

3 a feeling of happiness or enjoyment
_____ _____

4 to encourage someone to do something
_____ _____

5 to stay away from someone or something
_____ _____

6 to cause physical harm to something
_____ _____

7 to send out radio or television programs
_____ _____

8 likely to be effective or successful in a real situation
_____ _____

B 밑줄 친 단어와 비슷한 의미의 단어를 고르시오.

1 There is a <u>controversy</u> over the location of the new airport.
① support ② argument ③ discussion ④ agreement

2 You need four years to <u>complete</u> all the courses.
① finish ② study ③ teach ④ continue

C 다음 문장의 빈칸에 들어갈 알맞은 말을 골라 쓰시오.

by myself	lose weight	is divided into

1 The U.S. _____ 50 states.

2 Skipping meals is not a good way to _____.

3 I am tired because I cleaned the house _____.

D 다음 ( ) 안에서 알맞은 것을 고르시오.

1 I have two dogs. One is big, and (another, the other) is very small.

2 There were four pieces of cake. I ate one. Where are (others, the others)?

3 Some people like to rest in their free time. (Others, The others) like to travel.

4 There are three bags. One is mine, (another, the other) is yours, and the other is Kate's.

E 다음 두 문장을 관계대명사 whose를 이용하여 한 문장으로 만드시오.

1 I have a friend. + His major is history.

→ _____

2 There is a restaurant. + Its food is outstanding.

→ _____

3 They are looking for a dog. + Its name is Coby.

→ _____

4 The man didn't know what to do. + His phone was ringing.

→ _____

Writing Practice

F 우리말과 같은 뜻이 되도록 주어진 말을 바르게 배열하시오.

1 현재까지, 서른 명의 사람들이 구출되었다. (been, people, have, rescued, thirty)

So far, _____.

2 그녀는 가능한 많은 학생들을 돕고 싶어한다. (as, possible, as, students, many)

She wants to help _____.

3 다양한 할인 외에도, 그 장난감 가게는 경품을 제공하고 있다.

(to, discounts, addition, in, various)

_____, the toy shop is offering a free gift.

4 여행 동안 우리는 결국 차를 사용하지 않았다. (end, using, did, we, not, up, a, car)

During the trip, _____.

UNIT 07 / REVIEW TEST

A 다음 영영풀이에 알맞은 단어를 골라 쓴 후 우리말 뜻을 쓰시오.

discrimination	annoy	laboratory	require
detergent	supply	attract	deadly

1 able to kill people

2 to need something

3 to make someone feel angry

4 a room where experiments are done

5 unfair treatment of a person or group

6 to provide people with something they need

7 a liquid or powder used for washing clothes or dishes

8 to make someone or something move toward another thing

B 밑줄 친 단어와 비슷한 의미의 단어를 고르시오.

1 Eventually, my brother got a job that he really wanted.
① Finally ② Suddenly ③ Fortunately ④ Surprisingly

2 The man suffers from a disease of the brain.
① pain ② care ③ illness ④ condition

C 다음 문장의 빈칸에 들어갈 알맞은 말을 골라 쓰시오.

be able to	are allowed to	come up with

1 They need to _____ a good idea for the project.

2 You will _____ pass the exam if you study hard.

3 Members _____ borrow up to six books at a time.

D   다음 두 문장의 뜻이 같도록 빈칸에 알맞은 말을 쓰시오.

1   The runners seem to be thirsty.

= It seems _____ _____ _____ _____ _____ .

2   Tom seems to love Julie so much.

= It seems _____ _____ _____ _____ so much.

3   It seemed that the children got lost.

= The children _____ _____ _____ _____ .

E   다음 문장의 빈칸에 either ~or 또는 neither ~ nor를 쓰시오.

1   In this game, you can _____ win _____ lose. It depends on you.

2   What happened to Jack? He _____ came here _____ called.

3   I'm thinking of traveling to _____ Greece _____ Spain. I haven't decided which.

4   _____ Peter _____ Kate cannot help me. They are very busy right now.

Writing Practice

F   우리말과 같은 뜻이 되도록 주어진 말을 바르게 배열하시오.

1   비록 그에게 차 사고가 났지만, 그는 다치지 않았다.
(though, he, car, a, had, even, accident)

_____, he was not hurt.

2   이 고속도로를 짓는 데는 3년이 걸렸다.
(three, to, highway, took, years, it, this, construct)

_____

3   그녀는 그녀의 아이들이 탄산음료를 못 마시게 한다. (let, kids, she, drink, her, soda, doesn't)

_____

4   예술가들은 쓰레기를 예술작품으로 바꾸기도 한다. (artwork, into, turn, artists, trash, could)

_____

UNIT **08** / REVIEW TEST

Vocabulary Practice

A 다음 영영풀이에 알맞은 단어를 골라 쓴 후 우리말 뜻을 쓰시오.

task	recommend	physical	release
thrilled	regular	alternative	detailed

1 normal or usual

_____ _____

2 very excited and pleased

_____ _____

3 a piece of work that must be done

_____ _____

4 to say that something or someone is good

_____ _____

5 to stop holding something

_____ _____

6 including a lot of information and facts

_____ _____

7 relating to your body rather than your mind

_____ _____

8 something you choose instead of something else

_____ _____

B 밑줄 친 단어와 비슷한 의미의 단어를 고르시오.

1 Jane Goodall is a world <u>expert</u> on chimpanzees.

① vet   ② writer   ③ scientist   ④ specialist

2 You came up with a <u>clever</u> idea. I'm sure it will work!

① brilliant   ② stupid   ③ curious   ④ strange

C 다음 문장의 빈칸에 들어갈 알맞은 말을 골라 쓰시오.

was tired of	come true	have access to

1 I hope all your wishes _____ this year.

2 Guests at this resort _____ the swimming pool.

3 He _____ living alone and wanted to have a roommate.

D 다음 문장을 if를 이용한 가정법 문장으로 바꾸어 쓰시오.

1 As the weather is not good, we will not go to the park.

→ _____

2 As we are not in Hawaii, we are not on the beach.

→ _____

3 As she is wearing high heels, she cannot walk faster.

→ _____

E 다음 문장을 I wish를 이용한 가정법 문장으로 바꾸어 쓰시오.

1 I am sorry that I can't go to Europe.

→ I wish _____ .

2 I am sorry that I don't have enough money.

→ I wish _____ .

3 I am sorry I am not good at cooking.

→ I wish _____ .

Writing Practice

F 우리말과 같은 뜻이 되도록 주어진 말을 바르게 배열하시오.

1 내 친구는 내게 그녀의 숙제를 해달라고 부탁했다.

(me, to, asked, my, homework, her, do, friend)

_____

2 운동은 사람들이 우울함을 느끼지 못하도록 돕는다. (feeling, people, stop, gloomy, from)

Exercise helps _____ .

3 손을 씻는 것은 많은 질병들로부터 당신을 지킬 수 있다.

(diseases, you, protect, many, from, can)

Washing your hands _____ .

4 나는 어떤 선택이 더 나은지 모르겠다. (know, choice, I, is, better, which, don't)

_____

MEMO

MEMO

MEMO

MEMO

MEMO

MEMO

MEMO

MEMO